멋지게는 못 살았지만
멋지게 나이 들고 싶다

✧ 당신은 언제나 옳습니다 . 그대의 삶을 응원합니다 . ─ 라의눈 출판그룹

멋지게는 못 살았지만
멋지게 나이 들고 싶다

초판 1쇄 2021년 10월 1일

지은이 김대현
펴낸이 설웅도 편집주간 안은주
영업책임 민경업 디자인책임 조은교

펴낸곳 라의눈

출판등록 2014 년 1 월 13일(제 2019-000228호)
주소 서울시 강남구 테헤란로 78길 14-12(대치동) 동영빌딩 4층
전화 02-466-1283 팩스 02-466-1301

문의 (e-mail)
편집 editor@eyeofra.co.kr
마케팅 marketing@eyeofra.co.kr
경영지원 management@eyeofra.co.kr

ISBN : 979-11-88726-86-8 03190

멋지게는 못 살았지만
멋지게 나이 들고 싶다

김대현 지음

라의눈

| 차례 |

프롤로그   그대, 패키지 여행을 버리고 자유 여행을 떠나라! ● 9

Chapter 1   인생 후반전
No Ready, No Happy

이럴 줄 알았으면 날라리로 살 걸 그랬다 ● 15

용기 있는 자가 미인을 얻고,

주도적인 자가 인생을 얻는다 ● 20

잘못된 사랑을 하면 이를 뽑고,

나를 사랑하면 모발을 심는다 ● 24

중년 남자에게 꼭 필요한 것은 예뻐질 용기 ● 28

모발 심고 점 빼고, 달라진 나의 인생 ●33

남자가 화장을 하면 떨어지는 것과 생기는 것 ● 37

외모가 변해야 인생이 변한다는 불편한 진실 ● 41

패션만 달라져도 인생이 바뀐다 ● 45

완벽주의자가 아니라 경험주의자가 되어라 ● 51

건강한 부자, 혹은 건강 부자, 둘 중 하나는 돼야 한다 ● 55

나의 뱃살 빼기 투쟁사 ● 59

남자는 팔뚝으로 세상과 소통한다 ● 64

운동을 하면 사람이 너그러워진다 ● 68

골프는 몸의 습관, 인생은 마음의 습관 ● 72

내 인생 마지막 바람은 혼자 화장실 가는 것 ● 75

Chapter 2 · 다르게 살고 싶다면, 지금 당장 바꿔야 할 것

일단 저지르자, 그래도 큰일 안 난다 ● 81

중년의 뇌는 신의 영역에 이른다 ● 85

아내는 왜 갈수록 똑똑해지는가? ● 90

강속구가 안 되면 체인지 업도 있다 ● 94

중년에 조심해야 하는 '월렌다 효과' ● 99

중년 남자에게 꼭 필요한 희망 찾기 기술 ● 103

우리 이젠 발기 찬 희망을 만들어 가요 ● 108

꿈꾸는 것이 죄는 아니잖아? ● 112

'바람났냐'는 말은 최고의 칭찬 ● 116

착각을 하면 인생이 행복하다 ● 119

무식한 중년에게 기회는 없다 ● 123

눈치보지 말자, 정답은 없다 ● 127

부캐와 부전공의 시대가 왔다 ● 133

60세에 컴퓨터를 배워 81세에 앱 개발자가 되다 ● 136

I am a middle age creator! ● 139

어색한 것과 익숙해지기 ● 144

대출받아 여행 가는 게 미친 짓이라고? ● 148

김쌤과 친해지려면 전화부터 해야지 ● 153

나이 들어 친구를 만드는 10가지 방법 ● 157

SNS 친구도 친구다 ● 164

중년이여, 패키지 여행은 이제 그만! ● 167

신 포도인지 아닌지 일단 먹어보자 ● 169

인생 감옥에서 탈출하라 ● 172

60대에 해야 할 일 17가지 미리 보기 ● 176

자존감 보충제, 드시고 있나요? ● 180

눈뜨는 게 즐거워지는 조삼모사(朝三暮四)의 기술 ● 183

60대에 쓰는돈 vs. 80대에 쓰는 돈 ● 186

당신은 당신 생각보다 능력 있는 사람 ● 189

Chapter 3

인생 후반전을 별 볼 일 없게 만드는 습관들

미루는 습관, 행복도 미룬다 ● 195

돈은 땡겨 쓰고, 높은 수익률은 멀리하라 ● 200

50대부터 알아야 할 중년 사기 유형 보고서 ● 205

직접 목격한 중년을 노리는 사기 3가지 ● 210

흘리지 말고 풍기지도 말자 ● 214

인생 후반전이 힘들어지는 중년의 유형 ◦ 217

난 70세에 시니어 모델이 될 거다 ◦ 222

아프니까 중년, 병명은 후유증 ◦ 225

고독하게 죽으면 어쨌든 고독사 ◦ 228

Slow 할 것과 Quick 할 것을 구분하라 ◦ 231

재테크만 하지 말고 라이프테크를 하라 ◦ 235

Chapter 4

아내란 천국과 지옥의 열쇠를 가진 존재

아내들에게 주는 조언, 중년 남자 사용설명서 ◦ 241

사자와 소가 결혼생활을 한다면 ◦ 243

당신이 틀려야 평화가 찾아온다 ◦ 249

아내와 의논하는 연습은 필수 노후 준비 ◦ 252

부부 동반 여행은 위험하다? ◦ 256

아내를 이해하려 하는 게 문제다 ◦ 260

노후 설계도는 부부 합작품이어야 한다 ◦ 263

아내가 가장 좋아하는 은퇴 선물 ◦ 266

아내와 절친이 된다면, 인생 후반전 절반은 성공 ◦ 269

에필로그

한 줄의 문장으로 기억되고 싶다 ◦ 274

그대, 패키지 여행을 버리고
자유 여행을 떠나라!

책의 시작은 단순했다.

정년퇴직을 앞둔 예비퇴직자 소양교육장에서 갓 60세밖에 되지 않은 젊은 퇴직자들을 만나면서 떠오른 생각 때문이다.

"저 많은 중년 남자들이 60세에 은퇴하면 뭐하고 놀지?"

이 책에 노후를 위한 재테크나 재무 설계에 관한 내용은 없다. 60세부터는 재산을 늘리는 재테크보다 사기를 당하지 않는 것이 더 중요하다고 생각하기 때문이다. 그리고 나이 들수록 있는 돈을 효율적으로 잘 쓰는 테크닉이 중요하다는 입장이다.

그래서 이 책은 미리 은퇴 후를 준비하는 50대 중년, 혹은 먹고사는 준비를 잘 해둔 은퇴 예정자, 너무도 부러운 금수저 중년, 그리고 국민연금 예상수령액이 100만 원 이상이거나 혹은 은퇴 후에도 일정 수준의 고정수입(아내의 연금)이 있으면서, 자기 집을 소유하고 있는 분들을 위한 책이다.

이 책의 주 내용은 '은퇴하면 뭐하고 재미있게 놀까? 어떻게 하면 조금 더 즐겁게 살 수 있을까?'이다. 가늘고 길게, 즐겁게 살 방법들을 같이 고민하고, 그 정보를 공유하는 책이다. 쉽게 말하면 놀 걱정만 하는 배부른 책이다.

이 책의 1차 목적은 '자극'이다. 많이 미력하지만 자극을 통해 삶의 의미를 스스로 찾아보자는 의도를 갖고 있다. 이 책을 구상했던 당시는 '삶의 의미'라는 것은 생각하지 않았다. 그저 '뭐하면서 지루하지 않게 노후를 보낼까' 하는 것에만 집중했다. 그러다가 어느 날 '삶의 의미'라는 콘셉트가 다가왔다. 이 책을 읽는 분들의 머릿속에 '삶의 의미'라는 단어가 자연스럽게 떠오른다면 나는 성공한 것이다.

중년 남자들의 은퇴 후에 대해서 필자가 중요하게 생각하는 포인트는 '30여 년의 긴 시간을 어떻게 보낼 것인가'이다. 인생 후반전을 잘 살면, 인생 전반전의 고단함도 아름다운 추억이 될 것이다. 반대로 인생 후반전이 괴로우면, 인생 전부가 괴로운 것이 된다. 인생 후반전이 인생 전반전을 결정하니 진짜 잘 살아야 한다.

다시 말하지만 이 책의 주 목적은 자극, 다른 말로 동기 부여다. 다들 은퇴하면 즐겁게 살겠노라고 하지만 노는 것도 1~2년이다. 그리고 알다시피 놀던 사람이나 잘 논다. 노는 것보다 일하는 것에 익숙한 분들의 특징은 정해진 일은 잘 하지만 마음대로 하라고 하면 못한다는 것이다. 은퇴 후에 무엇을 해야 할지 모른다. 소득까지 줄어드니 소심해지고 의욕도 없다. 어느새 눈치를 보고 있는 자신을 발견한다. 인생이 쪼그라드는 느낌이 들면서 내면에서 스멀스멀 부정적 상념이 피어오른다.

난 잘 살아온 걸까?
이 쓸쓸한 느낌은 뭐지?
무엇을 위해 그렇게 열심히 살았을까?
이제 내 인생은 끝인가?
앞으로 어떻게 살아야 할까?
인생을 즐긴다는 게 뭘까?

이 질문에 대한 답은 그 누구도 알려줄 수 없다. 하지만 인생에 정답은 없지만 명답은 있다고 한다. 나만의 답을 만들어보자는 것이 이 책의 취지다. 어쩌면 처음 가보는 곳을 위한 '여행 계획서'의 샘플쯤 되겠다. 이 계획서를 참고해 여러분은 더 좋은 계획서를 만들면 된다.

여행의 묘미는 길에서 생각지도 못했던 무언가를 만나는 것이고, 여행에서 돌아와 한 뼘 성장한 자신을 만나는 것이다. 경험해 보니 계획서를 준비하면서도 무언가를 만나고, 걸음을 옮기면서도 무언가를 만난다. 그리고 그 다양한 만남 속에서 어느덧 '주도적인 나'를 알아 간다. 내가 이 책을 집필하면서 만난 답이 바로 '주도적 나'다.

그를 만나면 인생의 또 다른 변화가 시작된다. 진정한 여행을 떠나게 된다고나 할까? 패키지 여행에서 벗어나 자유 여행이 시작된다고나 할까? 그것이 이 책의 또 다른 목적이다.

여행을 하는 방법은 셀 수 없이 많다. 그래서 나는 이 책에 나오는 모든 내용은 '반만 맞다'고 말한다. 반은 맞고 반은 틀릴 수 있단 말이다. 읽는 분들이 나름대로 그 절반을 수정하면 명답이 완성되는 것이다. 이 책을 읽다가 책의 내용과 싸울 필요는 없다. '이렇게 생각할 수도 있구나'라고 넘어가는 것 자체가 인생을 다르게 살아가는 방법이다.

그래서 나는 가급적 '중년 날라리 김대현'답게 머릿속의 관점을 바꾸고 가슴속에 불을 지르려고 애썼다. 나름의 황당한 이야기도 솔직하게 적었다. 어찌 보면 고해성사일 수도 있다. 털어 놓아야 새로운 생각이 들어갈 자리가 생기고, 새로운 생각이 들어가야 변화가 시작된다.

털어놓고 공감하면서 자신을 만나면, 인생 후반전의 올바른 길을 볼 수 있을 것 같다. 독자 분들과 그 작업을 같이 한다면 정말 의미 있을 것이다. 어려운 시기에 출판을 결정하고, 원고가 환골탈태 되도록 자극을 주신 라의눈 출판사 설응도 대표님께 사랑과 존경을 담아 고마움을 전한다.

2021년 7월 김대현

Chapter

1

인생 후반전
No Ready, No Happy

이럴 줄 알았으면
날라리로 살 걸 그랬다

대한민국 중년 남자라면 거의 비슷할 것이다. 요즘 말로 '인생 학교'를 꼽으라면 단연 고등학교다. 그 고등학교에서 학생들은 자연스럽게 역할 구분이 되었다. 그리고 그중 하나가 일명 '날라리'였다.

그런데 날라리는 싸움만 하던 폭력 서클, 그러니까 요즘 말하는 일진과는 좀 달랐다. 폭력 서클 아이들이 싸움 잘하는 것을 자랑 삼아 몰려다녔다면, 날라리들은 뛰어난 패션 감각이나 기타의 것들을 즐기며 독고다이(?)로 지냈던 것으로 기억한다. 예전 기억이라 어느 정도 각색이 되었겠지만 나름의 취향이 확실했다는 것만은 분명하다. 우리는 그들의 취향을 "날티 난다"라고 표현하며 약간의 경멸과 약간의 부러움이 뒤섞인 시선으로 바라봤다.

날라리도 나름의 기준이 있다. 적어도 교복을 학교가 지정한 대로 단정하게 입어서는 안 된다. 날라리풍으로 리메이크된 교복이나 특정 아이템을 장착하고, 그에 따르는 고통과 시련을 견뎌 내야 했던 것이다. 여학생들은 치맛단을 자르고 허리 사이즈를 줄였으며 학생용 코트 안에는 미니스커트를 입었다. 남학생들은 바짓단을 줄여서 일자 바지, 혹은 당꼬(?) 바지, 혹은 나팔 바지로 개조했다.

우리 시대에는 '스모르 바지(가장 작은 사이즈, 스몰에서 유래했다는 슬픈 이야기가 전해진다)'라고 해서 미군의 군복 바지를 검은색으로 염색해서 입기도 했다. 요즘으로 치면 빈티지 패션 혹은 밀리터리룩일 텐데, 이 바지를 입고 등교하는 데에는 상당한 용기가 필요했다. 패션이란 시대를 앞서가는 용기와 남의 시선이 아닌 자기만족이 바탕이 되어야 한다는 것은 예나 지금이나 변함이 없다.

아무튼 날라리라면 이런 패션에 더해 힙한 취미생활을 즐겨야 한다. 최신 유행 춤(알리 고고, 다이아몬드 스텝)을 추고, 리프 가렛이나 뉴 키즈 온 더 블록 같은 최신 가수 한둘 정도는 알아야 한다. 종로나 명동 미도파 백화점, 코스모스 백화점을 주 1회 정도 다녀와야 잘나가는 날라리라는 호칭이 붙었다. 그런데 인생 후반전을 잘 살아보자는 글을 쓰면서 뜬금없이 날라리를 소환하는 것에 의아해 하는 분들이 계실 듯하다. 사실, 얼마 전 오랜만에 고등학교 동창들을 만날 때까지 날라리라는 단어를 잊고 살았다.

창피한 고백이지만, 학창 시절 나는 엄청난 착각 속에 살았다. 혼자 잘났고 혼자 세상의 중심인 줄 알았다. 물론 석차도 늘 중심에 위치했다. 하지만 그런 내 눈에도 날라리들은 참으로 한심한 존재였다. 쪼잔하게 교칙이나 위반하면서 멋이나 부리고 다니는 그 아이들은 내게 경멸의 대상이었고 오지랖 넓게도 나는 그놈들의 미래까지 걱정했었다.

졸업 후 30년이 훌쩍 지나 동창들을 만나게 되었다. 그 자리에는 학창 시절 내가 말도 섞지 않았던 그들도 있었다. 나는 머리를 한 대 맞은 것 같은 충격을 받았다. 그들은 소위 잘나가는 놈들이 되어 있었다. 게다가 예의 그 스타일까지 유지하고 있었다. 충격은 금세 질투로 이어졌다.

도대체 저 날라리들이 나보다 잘 사는 이유가 뭐람? 나는 그 답을 구하지 않고서는 그날 밤 잠을 못 이룰 것 같았다. 그리고 제일 먼저 든 생각이 '날라리란 무엇인가'라는 철학적 의문이었다. 그들은 내가 생각하는 그 날라리가 아니었을 수 있다. '자신의 취향을 즐길 줄 알고, 고정관념에 반항할 용기를 지녔으며, 적당한 선에서 타협할 줄 아는 균형 감각을 가진 존재가 아니었을까'란 생각이 불현듯 든 것이다.

사실 그 시절 나도 멋을 부리고 싶었다. 교복도 줄이고 머리도 기르고 싶었지만 하지 못했다. 선생님과 부모님의 잔소리가 싫었고, 남의 시선이 신경 쓰였기 때문이다. 어찌 생각하면, 그 시절 날라리들은 자기주도형 얼리 어답터(Early adopter)였다. 최신 트렌드에 민감했고 늘 변화를 시도했다. 부모님과 선생님에게 혼나면서도 그 라이프스타일을 지속하기 위해 적당히 타협하는 정무적 감각을 발달시켰다. 남들의 시선이나 손가락질에도 신경 쓰지 않았다. 요즘 인생에서 가장 중요하다고 하는 회복 탄력성을 가진 강한 마음 근육의 소유자였던 것이다.

나는 부모님이 걱정하시는 것이 싫고 교무실에 불려가 잔소리 듣는 것도 싫었다. 얌전히 학교를 다녔고, 조용히 직장생활을 하고, 비교적 큰 사고 없이 무난한 인생을 살았다. 나름 잘 살아왔다고 자부하던 내 인생인데, 갑자기 학창 시절 날라리들이 부러워지다니, 이게 말로만 듣던 갱년기 증상일까?

할 거 다 하고 살았던 그 친구들이 지금도 할 짓 다 하고 사는 것 같아 솔직히 부럽다. 막상 세월이 지나서 보니, 그렇게 산 놈이나 이렇게 산 놈이나 별 차이가 없다. '차라리 그때 화끈하게 놀아나 볼 걸' 하는 후회가 밀려왔다. 그러다 문득 내게도 30년 이상의 시간이 남았다는 생각이 들었다. 내 안에서 천사인지 악마인지의 속삭임이 들렸다.

"또 그렇게 살 거야? 30년 후에 똑같은 후회를 할 거냐고?"

지나간 것이야 어쩔 수 없다지만 인생 후반전을 또 어설픈 범생이 놀이하면서 살기는 싫다. 솔직히 내가 인생을 모범적으로 살았던가? 더 솔직히 말하자면 어설프고 애매하게 살았던 것에 불과하다. 그렇다면 이번엔 내가 날라리처럼 살아 보는 것은 어떨까? 국어 교과서 어디엔가 있었던 프로스트의 '가지 않은 길'이란 시가 떠오른다.

"그래, 이제 난 '날라리의 길'을 가련다!"

18

중년 날라리, 산뜻하고 신선하다. 인생에 정답이 없다지만, 지금이 순간엔 정답이 있을 수도 있다는 생각이 들었다. 이제 망가질 것을 두려워할 나이도 아니고 책임질 것도 많이 줄었으니 어려울 게 없다. 단, 이제까지 살아온 관성을 극복할 문제만 남아 있다. 어느 날 갑자기 날라리로 산다는 것엔 용기가 필요하다. 내 인생 후반전을 위해 용기를 쥐어짜야 했다. 그 후 모발이식을 결심하고, 하안검 수술을 하고, 얼굴에 점을 제거하는 순간마다 그 용기가 필요했다.

그러니 인생 후반전을 다르게 살고 싶다면 용기와 친해져야 한다. 생각해 보라, 용기가 없어서 지나가 버린 아름다운 순간들을. 다르게 살고자 한다면 현재의 껍질을 벗어 버리는 용기가 필요하다. 그게 아니라면 정신 승리하면서 그대로 살면 된다. 어쨌든 나는 해보고 싶은 것을 하면서 살기로 했다.

지나간 것이야 어쩔 수 없다지만 인생 후반전을 또 어설픈 범생이 놀이하면서 살기는 싫다. "그래, 이제 난 '날라리의 길'을 가련다!"

인생에 정답은 없지만, 지금 이 순간 내 마음이 가고 싶은 길은 분명히 있다.

용기 있는 자가 미인을 얻고, 주도적인 자가 인생을 얻는다

우리 말에도 여성형이나 남성형이 있다면 '우울증'은 여성형이 아닐까? 우리 사회는 여성들의 우울증에 집중하는 경향이 있다. 남성 특히 중년 남성의 우울증에는 무관심하다. 그런데 의학계에서는 남성 우울증이 더 무섭다고 한다.

미국 워싱턴대학이 평균 48세의 남성 200명을 대상으로 한 연구에서, 남성호르몬이 부족한 남성의 56%가 심각한 우울증이나 우울 증상을 겪고 있다고 한다. 중년 남성의 우울증은 방치되기 쉬워서 더 위험하다는 것이다. 미국에서는 해마다 600만 명의 남성들이 우울증 진단을 받지만 정작 치료를 받는 남성은 극히 일부에 불과하다고 한다. 미국이 이 정도이니, 우리나라는 더하면 더했지 나을 게 없을 것이다.

자! 그러면 어떻게 이 위험에서 자유로울 수 있을지 고민해야 할 시점이다. 중년 남자의 즐거운 인생 후반전에서 심리 관리는 매우 중요한 포인트다.

첫 번째 강력한 솔루션은 '사랑을 하라'는 것이다. 우울감 정도는 즉시 사라져 버리는 인생 최고의 약이 사랑이다. 그런데 아무나 사랑할 수는 없는 일 아닌가? 아내를 사랑해야 할까? 맞는 말이지만 일단 아내는 제외하자. 중년 남성에게 아내는 사랑을 넘어선 존경의 대상이니 말이다. 그렇다고 불륜 상대를 만들라는 것은 아니다. 그럼 누구? 나와 가장 가까이 있는 존재, 한 번도 자세히 들여다본 적 없고, 한 번도 다독여준 적이 없는 존재, 바로 '나'다. 여러분은 자신을 열렬히 사랑해본 적이 있는가? 나는 없다. 나를 위해 꽃을 산 적도 없고, 나에게 사랑한다고 말해 준 적도 없다.

어쩌면 나는 '발' 같은 존재가 아니었을까. 회사로 집으로 묵묵히 데려다 주는 발에 관심을 가져본 적이 없다. 마사지 한 번 해준 적 없고 크림 한 번 발라 준 적이 없다. 중요하지만 소홀히 대접했다.

이제 연애 시절을 다시 떠올리며, 그 열렬한 감성과 관심으로 자신에게 무엇을 해줄 것인지를 고민해보자. 나에게 어떤 말을 해 줄지, 어떤 선물과 보상을 해 줄지 고민하는 것은 어색한 일이지만 가치 있는 일이다.

자신을 사랑하지 않는다는 것은 심리적 학대에 가깝다. 나를 학대한 장본인은 바로 나였다. 학대가 별것인가, 막 대하면 학대다. 내가 나를 함부로 대하면 남이 나를 잘 대해 줄 가능성은 제로에 가깝다. 그리고 더 무서운 것은 자신을 학대하는 사람은 타인도 학대하게 된다는 것이다. 당신의 영향력이 미치는 주변 사람들 모두 피해자가 될 수 있다.

백 권의 책을 읽는 것보다 한 번의 모발 이식이 내 인생에 엄청난 변화를 불러오는 것을 경험했기 때문이다. 그리고 나를 더 사랑하게 됐다.

단순하게 생각하면 된다. 자신을 사랑하는 삶은 행복하다. 지금 행복하지 않다면 자신을 사랑하지 않는 것이다. 행복하지 않다면 오롯이 나를 위해 무엇인가 해볼 것을 권한다. 시작은 늘 여기서부터다. 자신이 좋아하는 것, 오랫동안 꼭 해보고 싶었던 것을 떠올려보라. 책을 보는 것도 좋은 일이지만 실제로 경험해보는 것은 훨씬 더 강력하다. 주변엔 책을 읽고 머리로 이해하는 데에 만족해서 실제로는 아무것도 안 하는 바보들이 있다. '백문이 불여일견'이라지만, 나는 '백독이 불여일행'이라고 주장한다.

나는 나를 위한 첫 번째 선물로 '모발 이식'을 단행했다. 만약 안 했다면 정말 후회할 뻔했다. 백 권의 책을 읽는 것보다 한 번의 모발 이식이 내 인생에 엄청난 변화를 불러오는 것을 경험했기 때문이다. 그리고 나를 더 사랑하게 됐다. 이 이야기는 이어서 좀 더 자세하게 하려고 한다. 그럴 만한 가치가 충분하니 말이다.

어쨌든 중년 날라리를 위한 마법의 주문은 '일단 지르자', '일단 들이대자'이다. 잊지 말자. 백독(百讀)이 불여일행(不如一行)이다.

잘못된 사랑을 하면 이를 뽑고, 나를 사랑하면 모발을 심는다

조선시대, 빼어난 미모의 기생들은 자신과 놀다가 떠나는 양반들에게 사랑의 징표로 이를 뽑아 달라고 했단다. 후일 어느 선비가 종을 시켜 자신의 이를 찾아오라고 했더니, 그 기생이 자루 하나를 던지며 그중에서 네 상전의 이를 찾아가라고 했다는 얘기다. 이를 뽑은 놈이 뭔들 못했을까, 집안 기둥도 뽑았을 성싶다.

암튼 사랑에는 증거가 필요하다. 말로 하는 사랑은 물거품처럼 사라진다고 생각해서 사람들은 증거를 요구하고 무모한 짓을 벌이기도 한다. 주로 무엇을 버리든가 무엇을 가져오든가 할 용기가 필요하다. 그런데 나는 자신을 사랑하는 데에도 증거와 용기가 필요하다고 생각한다. 늘 참고, 늘 계산하며 살아온 대한민국 중년 남성들에겐 이게 쉽지 않다. 말보다 실천이 필요한 나이는 청년이 아니라 중년일지 모른다.

어느 날 나는 다소 충동적으로 모발 이식을 감행했다. 다음달에는 눈가 지방 재배치를 하고 얼굴과 목의 점 100여 개를 제거하는 미용 시술을 받았다. 이제 나에게 자신을 사랑하는 증거가 뭐냐고 물으면 '나를 위한 투자'라고 당당하게 말할 수 있다. 더 구체적으로 말하자면 모발 이식과 미용시술이다.

중년인 내가 '예뻐지기'와 '멋내기'라는 다소 황당한 목표에 도전한 것이 멋쩍어서, 나를 위한 사랑이라고 합리화하는 것이 아님을 믿어주기 바란다. 나를 사랑했기에 모발 이식을 했다. 하면 좋아질 것이란 기대가 있기에 한 것이다. 이제야 모발 이식을 한 것은 돈이 아니라 용기가 부족했기 때문이다. 진작에 했어야 했다.

여기서 포인트는 모발 이식을 한 사람만이 모발 이식을 권했다는 것이다. 하지 않은 사람들은 '그냥 살던 대로 살라'고, 혹은 '지금이 딱 좋다'고 했다. 사실 내가 나를 사랑하는 데에 다른 사람들의 동의는 필요 없다. 사람들은 큰 의미 없이 습관적으로 충고라는 것을 하는 버릇이 있으니 말이다.

늘 참고, 늘 계산하며 살아온 대한민국 중년 남성들에겐 이게 쉽지 않다. 말보다 실천이 필요한 나이는 청년이 아니라 중년일지 모른다.

팩트는 내가 58세에 모발 이식을 했으며, 그 결과에 대만족한다는 것이다. 나는 요즘 거울을 볼 때마다 행복하다. '한 번 더 할까' 란 생각도 든다. 4,000모를 심는 데 450만 원이 들었다. (4,000모라고 말하지만 모낭을 심는 것이므로, 1모낭에 2~3개의 머리카락이 난다고 가정해서 2,000~2,500 모낭을 심었다는 얘기다.)

쓸데없는 데 큰돈 썼다고 생각할 수도 있다. 하지만 나는 거울을 볼 때마다 가성비, 아니 가심비가 아주 뛰어나다고 생각한다. 아무리 좋은 시계, 아무리 좋은 차를 사도 이런 행복감을 느끼지는 못할 것이다. 특히 모발은 잘 관리하면 20~30년은 거뜬히 유지할 수 있다고 한다. 이렇게 좋은 투자가 없다. 대머리였던 것이 감사할 지경이다. 모발이 많은 사람들은 이런 극적인 변화를 체험할 수 없을 테니 말이다. 모발 이식을 한 사람들이 '인생이 변했느니 자신감이 생겼느니' 하는 게 빈말이 아니다. 진짜 인생이 바뀐 느낌이다. 머리털이 이마를 조금 더 가리는 것이 이렇게 행복하다니 나도 내가 이해 불가다.

물론 반론도 가능하다. 머리가 하나도 없어도 충분히 행복할 수 있고 즐거운 인생을 살 수 있다. 하지만 바꿔 말하면, 이렇게 쉽게 행복할 수 있는데 굳이 안 할 것은 또 뭘까. 사실 대머리는 가꿔봐야 티가 나지 않는다. 그런데 머리털이 조금 늘어나니 포기했던 내 외모에 욕심이 생긴다. 나를 가꾸는 즐거움이 제법 쏠쏠하다. 그리고 이런 즐거움이 다른 일에 대한 의욕을 불러일으킨다. 의욕이 솟으니 매사가 즐겁다. 앞으로 그 어떤 일을 해도 이보다 드라마틱한 효과는 없을 것이란 생각이 든다.

나에겐 모발 이식이 나를 사랑한다는 증거다. 그 증거가 나의 변화를 계속 촉진하고 있다. 모발 이식은 인생 후반전을 다르게 살겠다는 의지의 표현이자 변화의 시작점이다. 어떻게 보면 내게 모발 이식은 팔뚝에 새긴 문신과 같다. 인생 후반전을 정말 즐겁게 살겠다는 강력한 의지의 표현이라고 생각한다. 여러분들도 그 무엇을 찾아보았으면 좋겠다.

찾았다면 다소 무모하더라도 용기를 내시라. 모발 이식이 내 인생 후반전을 구했다. 다르게 살 수 있는 에너지를 주었다. 최초의 변화가 다른 변화를 꿈꾸게 하고 도전을 불러온다. 인생을 바꾸려면 뭐든 해봐야 한다. 그것이 내가 살고 가족도 사는 길이다.

중년 남자에게
꼭 필요한 것은 예뻐질 용기

언제부터인지 기억도 나지 않지만, 나는 늘 나이 들어 보인다는 소릴 듣고 살았다. 대리 시절에는 19년 선배인 본부장님보다 더 임원 같다는 얘길 들은 적도 있다. 대학 동기들에게 선배님 소릴 들은 것은 약과다. 방송에 출연한 후, 전국 장교 동기 모임에 참석했다. 부부 동반 모임이었는데 동기들의 아내들이 실제로 나를 보더니 한참 선배인 줄 알았다고 놀라기도 했다. 이런 경험 때문에 나는 아줌마가 무섭다. 그들은 보이는 대로 말한다.

헬스클럽에 갔더니 한 어르신이 나를 방송에서 봤다며 아는 척을 한다. 자기와 비슷한 연배인 것 같다는 얘기다. 연세가 어찌 되시냐고 물어봤더니 일흔넷이란다. 웃어야 하나, 욕을 해야 하나 갈등했다. 74세가 59세에게 동년배처럼 보인다니, 요즘도 가끔 그 노인을 마주치지만 모른 척하는 걸로 소심한 복수를 한다.

암튼 나는 노안이라는 소리를 들으며 인생 1막을 마쳤다. 그런데 인생 2막도 이런 추세라면 무서운 일이 벌어질 것 같다. 사람들은 한 번씩 말하지만 나는 수천 번도 더 노안이란 말을 들었다. 삼인성호 (三人成虎)라는 말이 있다. 수백 명이 늙어 보인다고 하면 정말 팍삭 늙어버릴 것만 같다.

이렇게 살 수는 없었다. 방송 활동을 하다 보니, 연예인들 대부분은 모발 이식을 했다는 사실을 알았다. (그렇다. 지금부터 할 이야기는 모발 이식 2탄이다. 좀 지겨울 수 있지만, 이보다 훌륭한 사례는 없으니 잠시 참아 주기 바란다.) 그중 친하게 지내던 한 연예인이 지나가는 말처럼 모발 이식을 권했다. 그 말을 듣고도 3년은 더 망설인 듯하다. 비용도 문제였지만 수술 결과가 좋을지, 아프지는 않을지, 아내가 어떤 반응을 보일지 모든 것이 걱정이었다. 하지만 가장 큰 장벽은 나 자신이었다. '그냥 살던 대로 살면 되지. 내가 뭐 연예인도 아니고, 그거 좀 심는다고 달라지겠어? 그 돈이면 소고기를 사 먹겠네.' 늘 이런 식으로 넘어갔다.

그러면서도 나이 들어 보인다는 소리는 참 듣기 싫었다. 2020년 59세가 되는 해, 우연히 모발 이식 광고를 보고 전화를 했고 내친 김에 상담을 받고 수술 날짜까지 잡았다. 아내와 상의할까 하다가 반대는 안 할 것 같아 그냥 결정했다. 나이 들면 일단 지를 줄도 알아야 한다. 내가 감당할 수 있는 액수 안에서 말이다.

수술을 결정하고 혹시 결심이 흔들릴까 봐 즉시 입금을 했다. 아이들 교육이 끝나 나에게 돈을 쓸 여유가 생겼기 때문이기도 하다. 지난 세월 내가 번 돈의 지출 1순위는 아이들이었다. 이제 나를 위해 돈을 쓸 수 있게 되었다는 사실이 기뻤다. 수술을 할 때는 고맙게도 아내가 동행했다. 아내는 "당신 머리숱 많아져 여자들이 따라오면 어쩌냐"고 농담을 한다. 그러더니 "걸리기만 하면 심은 머리털 다 뽑아버릴 거야"라는 무서운 개그를 친다.

수술실로 들어갔다. 뒷머리를 절개해야 하니 일단 엎드렸다. 마취 주사는 꽤 아픈데 두세 방 맞으니 감각이 없다. 그리고 뭔가 자르는 느낌이 들었다. 의사는 넉넉히 절개했으니 4,000모 이상 나올 거라고 한다. 내 두피를 넉넉하게 잘랐다는데 나는 감사하다고 인사했다.

후회는 단 하나, 진작에 하지 못했다는 것이다. 하루라도 빨리 했다면, 내 인생에서 행복한 날이 하루라도 더 늘어났을 것이다.

봉합이 끝나자 병실로 가서 잠시 휴식을 취했다. 그리고 다시 수술실로 갔다. 이번에는 바로 눕는다. 일명 모내기를 하는 것이다. 간호사가 작은 인형을 손에 쥐어준다. 꼭 쥐고 있으면 덜 아프다는 것이다. 다시 앞머리 쪽에 마취 주사를 맞았다. 아까보다 더 아프다. 눈물이 찔끔 난다. 4,000모를 심는 데 3시간쯤 걸린다고 한다.

시술이 끝났다. 헤어 라인, 기존 머리와 이어지는 부분이 어려운

데 무사히 잘 마쳤다고 한다. 수술 부위를 사진으로 보니 끔찍하다. 모낭 생착률을 높이기 위해 앞으로 머리를 감을 때 조심해야 한다. 모당 단가를 계산해보니 모낭당 2,000원이다. 머리 한 올에 1,000원인 셈이다.

수술 후 2~3개월이면 심은 모가 거의 빠진다고 하는데, 이때를 암흑기라고 한다. 그 후 모낭에서 서서히 다시 머리가 나기 시작한다. 제대로 효과를 보려면 1년에서 1년 반은 기다려야 한다. 나는 이제 1년이 되었다. 결과는 대, 대, 대 만족이다. 사람의 욕심은 끝이 없다. 그저 모발만 있으면 소원이 없겠다고 생각한 적도 있었는데, 모발이 생기니 머리에 힘도 좀 있고 스타일도 좋았으면 싶다.

50 이후에 내가 잘한 일 중의 하나다. 결과를 보니 정말 탁월한 선택이었다. 뭐든지 할 거면 빨리 하라는 말이 있다. 후회는 단 하나, 진작에 하지 못했다는 것이다. 하루라도 빨리 했다면, 내 인생에서 행복한 날이 하루라도 더 늘어났을 것이다.

인생을 바꾸는 방법? 자존감을 회복하는 방법? 참 간단하다. 돈이다. 돈으로 자존감을 회복한다는 것을 인정하기는 어렵지만, 지금 내게 벌어지는 일을 지켜보면 받아들일 수밖에 없다. 아무래도 나는 그동안 너무 형이상학적으로 살았던 것 같다. 여러분도 인생이 행복해질 일을 찾아 과감하게 도전해 보길 권한다. 우리는 각자 크든 작든 트라우마라는 것을 가지고 산다. 한 번의 공포스러운 경험이 남은 인생에 안 좋은 영향을 미치기도 한다. 반대로 한 번의 좋은 경험이 그것을 상쇄할 수도 있다.

　이제 여러분 차례다. 여러분이 무엇으로 인생의 터닝 포인트를 만들지 참으로 기대된다.

　(*모발 이식 수술의 결과는 개인에 따라 다를 수 있으므로 참고 바랍니다.)

모발 심고 점 빼고,
달라진 나의 인생

'물 들어왔을 때 노 젓는다'는 말이 있다. 모발 이식을 하니까 다른 것들이 눈에 들어온다. 머리 심은 놈이 뭔들 못하겠는가? 요즘 내가 하는 짓이 딱 날라리다. 내가 바라는 대로 뒤늦게 날라리가 되어 가는가 보다. 모발을 제외하고, 내 노안의 원인은 눈밑 지방 덩어리와 주름이다. 이 글을 읽는 분 중 상당수는 나와 비슷한 고민을 할 것이다. 없으면 부모님께 감사해야 한다. 물론 있어도 감사해야 한다. 극적인 변화를 경험할 수 있기 때문이다.

병원에 가서 상담을 받으니 하안검(일명 눈밑 지방 재배치) 수술과 동시에 얼굴의 점과 잡티들을 제거하자고 한다. 내가 좀 쑥스러워하니, 중년 남자들이 알게 모르게 이런 시술을 많이 받는다고 한다. 실제로 나보다 네 살이 많은 성형외과 원장이 나보다 훨씬 어려 보였다. 원장은 내게 "이런 피부로 어떻게 방송을 하느냐"고 되물어 보기까지 했다. 수술 날, 역시 아내가 동행했다. 눈밑 수술을 하니 운전이 어려울 듯해 아내에게 부탁한 것이다.

'결막염이 올 수도 있고 눈꺼풀이 뒤집어질 수도 있지만 시간이 지나면 돌아온다'는 수술 후 부작용에 대한 무서운 말을 듣고 수술대에 누웠다. 마취를 하고 시술을 시작한다. 눈밑 어딘가를 절개하고 뭔가를 집어넣어서 살살 만지는 느낌이다. 아프다. 아파야 예뻐진다고 생각하면서 참았다. 개인적으로 모발 이식보다 아팠다. 눈밑을 수술했으니 세수나 샴푸가 불편했다. 지금 생각해보면 어찌 그런 것을 다 견뎠나 싶지만, 마침 코로나로 일이 확 줄어든 탓에 잘 쉴 수 있었다.

모발 이식 때처럼 아내가 머리를 감겨 주는 등 수발을 들었다. 남자의 변신에는 아내의 협조가 필수적이다. 하안검 수술 2~3일 후, 병원을 방문해 드레싱을 하고 점을 빼기 위해 마취 연고를 발랐다. 대략 100개쯤, 목에도 점이 있고 심지어 쥐젖(연성섬유종)까지 서너 개 있었다.

오늘 완전히 다 제거해 주리라. 더 이상 노안 소리를 듣지 않으리라. '노안이면 어때? 내 영혼이 젊은데' 하며 정신 승리하는 것도 지쳤다. 아무것도 하지 않으면 아무 일도 일어나지 않는다. 아무것도 하지 않으면 나는 계속 노안 소리를 듣고 살 것이다. 그 소리를 듣고 아무렇지도 않으면 좋겠지만 불행히도 나는 그렇지 못했다.

　잠시 후 수술대 위의 조명이 켜지자, 좀 서글프기도 하고 웃기기도 하고 여러 생각이 떠올랐다. 하지만 이미 늦었다. 시술이 시작되고 살 타는 냄새가 난다. 사실 10년 전에도 점을 몇십 개 제거한 적이 있다. 고화질 카메라로 강의를 녹음하다 보니, 이 얼굴로 남 앞에 서는 게 실례란 생각이 들었기 때문이다. '원장님은 방송을 하는 사람이니, 최소한 2년에 한 번은 시술을 받으라'고 한다. 드디어 목의 점도 빼고 아버지에게 물려받은 것으로 추정되는 쥐젖도 제거했다. 깔끔하다.

　이렇게 나의 미친 짓은 끝났다. 모발 이식도 잘됐고, 하안검 수술도 잘 마무리되어 눈매가 선해 보인다고 한다. 인상이 변했다느니 심지어 잘 생겨졌다는 얘기도 들었다. KBS 아침마당에서 방송을 같이 했던 연예인 선생님께서 15년은 더 젊어 보인다고 하신다. '그럼 도대체 나를 몇 살로 보신 거야?'란 생각도 들지만 기분은 좋다. 여기서 더 이상의 미용 시술은 없을 줄 알았는데 1년이 지나니 뭔가 더 하고 싶어진다. 나는 이렇게 철없는 중년 날라리가 되어 가는 중이다.

　이런 나의 행동을 이해하지 못하는 분도 계실 것이다. 내가 상관할 일이 아니다. 나만 행복하면 된다. 돈으로 행복해질 수는 없다고 한다. 하지만 돈으로 행복해질 수 있는 부분이 분명히 존재한다. 그

> 돈으로 행복해질 수는 없다고 한다. 하지만 돈으로 행복해질 수 있는 부분이 분명히 존재한다. 그래서 중년은 돈을 잘 쓸 줄 알아야 한다.

래서 중년은 돈을 잘 쓸 줄 알아야 한다. "저희는 모발을 심지만 사실은 심리 치료를 해드리는 겁니다. 1년 후에는 많은 변화가 있으실 겁니다." 모발 이식을 해주었던 의느님의 말이다. 그리고 그 말이 맞았다. 나는 미용 시술로 구원받은 느낌이었다. 나이 들어 보인다고 진실을 발설했던 사탄의 무리들을 물리쳐 준 것은 부처님도 아니고 예수님도 아니고 의느님이었다.

삶에 지치고 의욕이 떨어진 대한민국 중년 남자들이여, 간단한 미용시술을 받아보라. 외모가 변하니 인생을 대하는 자세가 달라지고 마음에 희망이 가득하다. 중년 인생을 바꾸는 가장 쉬운 방법, 외모를 바꾸는 것이다.

남자가 화장을 하면 떨어지는 것과 생기는 것

욕심은 끝이 없다. 모발 이식하고, 점 빼고, 하안검 수술을 받으니 피부가 눈에 들어온다. 이제 친구나 지인을 만나면 제일 먼저 피부를 관찰한다. 물론 나도 상태가 좋은 편은 아니지만, 얼굴에 돈을 들였으니 아무것도 안 하는 이들보단 조금 나을 것이다. 여자 나이 40을 넘으면 피부가 사는 것을 말해 준다는 말이 기억난다. 나이가 들수록 중력의 법칙을 실감한다. 모든 것이 아래를 향하게 된다. 그래서 누워 있는 것이 편한가 보다.

나는 어설프게 방송물을 먹고, 수시로 메이크업을 하고, 대기실에서 피부 관련한 얘기를 자주 듣는 편이다. 다른 남자들에 비해 조금은 더 피부나 미용 쪽으로 관심을 갖게 되었다. 남 앞에 서는 것이 직업인데, 기왕이면 좋은 상태를 유지하는 것이 그분들에 대한 예의라 생각한다. 이런 생각에 가장 저렴하게 할 수 있는 피부관리인 팩도 수시로 한다. 물론 1년 내내 팩 한 것보다 점 한 번 뺀 것이 더 극적인 효과가 있기는 하다. 꾸준한 노력보다 돈 한 번 들이는 게 효과가 있었던 셈이다.

한때는 콜라겐도 먹었더랬다. 방송에 함께 출연한 피부과 의사의 말을 듣고 중단하기는 했지만 그 정도로 신경을 썼다는 얘기다. '호박에 줄 긋는다고 수박 되냐?'라면서 남의 속을 긁는 놈들이 꼭 있다. 물론 아니다. 호박이 수박 되면 되겠는가? 그저 비주얼 좋은 호박이 되려는 것이다. 내 생각에 남자의 피부관리 포인트는 세 가지다. 밝기, 탄력, 그리고 모공관리다. 여기서 피부 탄력과 모공 관리는 같은 개념으로 봐도 된다.

사내가 여자처럼 굴면 뭐가 떨어진다는 말이 있다. 맞다. 떨어진다. 노안 딱지가 떨어진다. 그리고 자신감이 붙는다.

시술을 받으면 좋겠지만 아직은 생각이 없다. 그런 시술은 모발 이식과 하안검처럼 오래 유지되는 것이 아니고 수시로 관리해야 한다는 생각에서다. 나의 외모 관리 목표는 그저 내 나이로 보이자는 것이다. 나이보다 젊어 보이겠다는 것은 욕심이다 싶어서 그냥 혼자 잘 씻고 잘 관리하기로 했다. 나는 피부관리의 기본은 세안이라고 생각한다. 그래서 남자들이 세안하는 법을 다시 배워야 한다고 강력히 주장한다. 화장품을 바르는 것도 잘 배울 필요가 있다.

남자들이 세수하는 모습은 피부에 상처를 주는 과정이다. 세게 문지르는 게 제일 안 좋은데 그저 빡빡 닦고, 뽀득해질 때까지 문지른다. 잘못 배웠다. 또한 화장품을 바르는 것이 아니라 그냥 피부에 묻힌다. 더 직설적으로 말하자면 처바른다. 게다가 화장품 바르는 시간은 고작 1~2분이다. 잘 씻지도 않는다. 그러니 나이 들면 더 늙어 보이는 것이다. 나도 다르지 않았다. 얼굴에는 여드름 자국이 널려 있고 늘 개기름이 흘렀다. 내가 노안으로 보이는 1차적 원인은 유전적인 것이겠지만, 거기다 잘못된 세안 습관과 무관심, 무지가 차곡차곡 더해졌다. 한편으로는 자포자기한 심리 상태도 한몫했을 터이다. 총체적으로 노안을 만드는 습관 속에서 살았던 거다. 나는 지금 그 습관들을 바꾸어가고 있다.

거울을 보는 시간이 길어졌고, 화장품도 공들여 바른다. '좋아졌냐?'라고 묻는다면 '아직은 글쎄'라고 대답하겠다. 그냥 더는 나빠지지 않을 것이라 생각하는 중이다. 매일 꼼꼼하게 세안하고 화장품을 어루만지듯 바른다. 이 시간이 나를 위로하는 의식 같은 것이 되었다. 사내가 여자처럼 굴면 뭐가 떨어진다는 말이 있다. 맞다. 떨어진다. 노안 딱지가 떨어진다. 그리고 자신감이 붙는다.

나는 외모를 바꿨을 뿐인데 성격도 변하는 것 같다. 성격이 변하면 인생도 변한다고 하는데, 그게 사실이었으면 참 좋겠다. 관리한 것이 아까워서 세수 한 번 더 한다. 이것이 참 중요하다. 투자하면 아까워서라도 더 신경 쓴다. 그래서 저절로 유지가 된다. 반대로 포기하면 더 나빠진다. '깨진 유리창의 법칙'은 우리의 얼굴 위에서도 똑같이 적용된다. 중년 남자에게 피부 관리는 자기 관리고 의욕 관리다. 어쩌면 인생 관리일지도….

외모가 변해야 인생이 변한다는
불편한 진실

60년 가까이 한 번도 하지 않았던 일을 한다. 바로 세수가 아닌 세안이다. 일단 세안하기 전에 손을 씻는다. 손에는 온갖 세균이 득시글해서 손을 씻지 않으면 세안 과정에서 피부 트러블을 일으킬 수 있다고 한다. 그리고 미온수로 부드럽게 얼굴 전체를 적셔 준다. 피부를 약간 불려준다는 느낌으로 잠시 기다렸다가 비누나 클렌징 폼으로 거품을 듬뿍 내서 얼굴 전체에 바른 후 부드럽게 마사지해주고 꼼꼼하게 헹궈내면 된다.

비누나 클렌징 폼은 약산성 제품이 좋고, 세안 후에 당김이 있다면 즉시 바꿔야 한다. 세안할 때는 반드시 귀 뒤쪽을 잘 닦도록 한다. 남자의 진한 향기, 다른 말로 악취가 나는 곳이기 때문이다. 세안 후에는 스킨과 로션을 바른다. 이것이 아침 세안 순서다.

아침에 선크림은 필수다. 자외선은 피부 노화의 주요 원인 중 하나다. 2~3시간마다 덧발라주면 더 좋다. 워터 스프레이도 추천한다. 사무실이나 차에 비치해 놓고 수시로 뿌려 주는 것이 좋다. 피부가 건조하면 주름이 지는 게 당연한 이치다. 또 물도 자주 마셔서 피부와 몸에 수분을 보충하자.

다음은 저녁 세안이다. 저녁에 '어떻게 관리하느냐'에 따라 다음날 피부 상태가 달라진다. 아침의 관리에 더해 영양크림 한두 가지 더 발라주면 좋다. 잘 모르겠으면 아내에게 도움을 청하거나 인터넷 검색을 해보면 된다. 하다못해 마스크 팩을 10분 정도만 해도 훌륭하다. 1일 1팩이란 말도 있지 않은가. 1일이 아니라 이틀, 사흘에 한 번만 해줘도 피부가 달라진다.

나의 저녁 피부관리는 세 가지 스타일로 나뉘는데 그때그때 편한 대로 한다.

A 스타일은 세안 후 부스터를 뿌리고, 세럼을 바르고, 다시 부스터를 뿌리고, 1분 정도 기다렸다가 동안 크림을 바르는 것이다. 골고루 펴서 바르는 것이 아니라 그냥 곳곳에 살짝 얹어 둔다는 느낌으로 가급적 손 대지 않고 저절로 흡수되기를 기다렸다가 미진한 부분에 태반 크림이나 콜라겐 크림, 달팽이 크림을 더 보충한다.

B 스타일은 세안 후 토너를 바르고, 마스크 팩을 하고, 15분 후 팩을 제거하고 달팽이 크림이나 수분 크림을 바르고 마무리한다.

C 스타일은 세안 후 토너를 바르고, 태반 크림을 바르고, 잠시 후 달팽이 크림이나 콜라겐으로 마무리한다.

달팽이 크림이나 콜라겐은 아침까지 보습력을 지속시켜 주는 효과가 있다고 한다. 달팽이 크림, 태반 크림, 콜라겐 크림은 홈쇼핑에서 구매하면 비용도 저렴하고 수량도 넉넉하다. 저녁에 화장품을 바를 때에는 가급적 앉은 자세에서 한다. 자세가 안정되니 꼼꼼히 바를 수 있고, 거울을 자세히 보며 내가 살아온 역사를 만나기도 하고 그 동안 보이지 않던 것들을 새롭게 느끼기도 한다.

다음 과제는 피부 탄력이다. 일명 피부 리프팅. 예전 할머니 손등을 잡았을 때 그 자국이 오래가는 것을 보고 신기해 했던 기억이 난다. 세월은 어쩔 수 없다지만 뭐라도 해봐야 하지 않을까? 리프팅 관리라니 거창해 보이지만, 사실 별거 아니다.

> 습관이 변해야 인생이 변한다. 작은 실천이 모여 큰 변화가 이루어진다. 지금 내 인생도 조금씩 변하는 중일 것이다.

우연히 좀비팩이란 상품의 광고를 보았다. 8회용이 19,800원이다. 32회 정도 하면 효과를 본다고 한다. 7만 원이 채 안 되는 돈으로 피부가 리프팅된다면 뭐 신의 선물이다. 물론 과대 광고라는 것을 안다. 그러나 안 하는 것보다야 좋을 거란 확신으로 지르기로 한다. 속았더라도 큰 손해가 아니란 생각에 용기가 생긴다. 그래, 까짓거 32회 해보자. 꾸준히 하다 보면 나비 효과가 일어날 수도 있지 않을까? 꼭 얼굴이 변하지 않더라도, 끝까지 해냈다는 그 무엇이 내게 주는 게 있을 것이다.

나도 안다. 마사지 팩 하나 사면서 별 궁상을 다 떤다는 것을. 잠시 서글펐지만 곧이어 스스로에 대한 대견함이 느껴진다. 인생 후반전을 다르게 살기 위한 준비는 이렇게 작은 것을 바꾸어 가는 것이리라.

습관이 변해야 인생이 변한다. 작은 실천이 모여 큰 변화가 이루어진다. 지금 내 인생도 조금씩 변하는 중일 것이다.

패션만 달라져도
인생이 바뀐다

　나에게 '중년의 꿈이 무엇인가' 물어본다면 확실하게 하나 말할 것이 있다. 바로 '옷 잘 입는 남자가 되고 싶다'는 것이다. 언제부턴가 스타일 좋은 남자가 눈에 들어오기 시작했다. 사실 대한민국 중년 남자처럼 옷을 못 입기도 힘들 것이다. 둘 중 하나는 등산복이나 골프웨어를 평상복으로 활용한다. 학생복, 체육복, 교련복, 군복 등 단체복 문화 속에서 살아온 세월이 길기 때문이라 생각하니 짠하기도 하다.

　학생복, 이게 참 편했다. 옷 입는 센스나 스타일과 무관하게 공부에만 올인하게 만들어준다. 검은색 아니면 흰색에 익숙했던 학창 시절, 우리의 컬러 감각은 거의 퇴화했다고 보는 게 맞다. 체육복이나 교련복도 마찬가지다.

군복은 더 편했다. 군복이 일상복이자 작업복이자 예복이었던 시절도 있었다. 군복으로 멋을 내는 것은 상상할 수도 없지만, 군복을 입어서 멋지다면 뭘 입어도 멋진 몸매를 타고난 것이다. 대한민국 중년 남자들은 이렇게 패션 말살적인 환경에서 살았다.

직장에 들어가서는 모두들 '양복 교복'을 입었다. 분명 자유복이지만 단체복인 이 기묘한 상황을 어떻게 설명해야 할까? 한결같은 스타일에 색상은 다크 네이비, 차콜, 블랙에 조금 튀는 놈이 브라운 정도다. 얼마 전, 모 은행장과 임원들을 대상으로 한 강의가 있었는데 분위기가 살벌했다. 모두 근엄한 표정에 짙은 색 정장과 흰색 셔츠를 입고 있었다.

이렇게 살다 퇴직하면, 그 비싼 정장을 입을 일이 거의 없다. 모두들 벙벙한 아저씨 바지에 편한 티셔츠를 입는다. 편하고 튀지 않는다는 점에서 등산복이나 골프웨어가 최적이다. 무릎 튀어나온 바지, 목 늘어난 티셔츠를 입지 않는 게 다행일 정도다. 신상을 사 입어도 태가 나지 않는 경우가 많다. 무너진 체형 때문이다. 그래서 타이트한 옷을 싫어하고 편안한 기능성 옷이 최고라고 주장한다. 그렇게 '아재 룩'이 완성된다.

우리는 오랫동안 포장보다는 내용이 중요하다는 이데올로기를 신봉하며 살았다. 하지만 거꾸로 포장이 좋아야 내용물에 관심을 갖는 것도 사실이다. 사실 이렇게 말하는 나 자신도 방송에 출연하지 않앉다면 아재 룩에서 벗어나지 못했을 것이다. 그렇다고 지금 옷을 잘 입는다는 얘기는 아니다. 타이트한 청바지와 티셔츠를 어색함 없이 입을 정도는 된다. 이상하게도 옷은 눈에 익어야 몸에도 맞는다. 나는 누구보다 교복과 군복이 잘 어울린다는 얘길 많이 들었다. 오랜 세월이 흐르고 나서야 그게 '패션 감각 없음', '피부 검튀튀'를 의미한다는 것을 알았다. 남자답게 생겼다는 말도 비슷하다.

티브이 채널을 돌리다, 5~6년 전 내가 출연했던 방송을 볼 때가 있다. 어쩌면 그렇게 촌스러운지 모르겠다. 나름 신경을 많이 쓴 옷차림이지만 영락없는 아재 룩이다. 게다가 이 방송이나 저 방송이나 똑같은 옷이다. 네이비 재킷에 흰 셔츠, 카키색 통바지는 거의 교복 수준이다. 그동안 방송물을 많이 먹은 탓인지, 지금은 간혹 '코디가 있느냐'는 질문을 받는다. 코디가 있기는 하다. 아내다. 아내가 의상학과 출신이다 보니 옷에 대해서는 전적으로 아내 말을 듣는 편인데, 요즘은 스스로 골라 입는 일이 많아졌다. 아내는 차분하고 점잖은 스타일을 선호하는데 나는 좀 튀게 입고 싶기 때문이다.

예전엔 옷 사러 가서 입어보는 것을 제일 싫어했지만 요즘은 이 옷 저 옷 입어보는 것을 즐긴다. 사고 싶은 옷도 많아졌다. 겨울용으로 체크무늬 더블 버튼 재킷을 하나 사고 싶다. 10년 이상 청바지에 터틀넥 스웨터만 입다 보니 요즘은 몸에 피트되는 정장을 입고 싶다. 여름과 가을은 캐주얼 재킷에 티셔츠를 입고, 봄과 겨울엔 반목 스웨터를 입는다. 상의와 청바지는 주로 홈쇼핑을 이용하는데 가격도 괜찮고 한 철 입기에 품질도 무난하다.

재킷은 아웃렛에서 구입한다. 한 철에 하나 정도 새 재킷을 구입해서 돌려 입으니 이제 깔 맞춤도 어느 정도 완성되어 2년에 한 번 정도 구입하면 된다. 들고 다니는 가방도 신경 쓰여 멋진 명품 가방 하나도 장만했다. 신발은 늘 흰색 운동화를 즐겨 신는 편인데 한 번 살 때 괜찮은 것을 구입한다. 거기다 준 명품 시계 하나를 장소에 따라서 바꾸어 차는 정도다.

스스로 생각해 보면 장족의 발전이다. 신경 쓰면 쓸수록 패션 감각은 좋아진다. '다 늙어서 그딴 것 해서 뭐하게'라고 하면 할 말은 없다. 나는 그냥 좀 꾸미고 싶을 뿐이고 그게 즐거우니까 한다. 당신도 해보지 않았다면 시도할 만한 가치가 충분하다. 잘 입어도 태가 나지 않는다고 반론하는 사람도 있다. 반복해 말하지만 자꾸 하다 보면 는다.

세상 인심은 발레파킹(valetparking)이다. '어떤 차를 타고 갔는가'에 따라 대우가 달라진다. 사람의 포장에 따라 대우가 달라지는 것은 불편한 진실이다.

운동을 병행하는 것도 좋다. 아무래도 배가 들어가면 옷발이 산다. 사실 내가 운동을 하면서 얻게 된 부수적 효과 중 하나가, 어깨가 조금 넓어지고 등이 조금 펴지고 배가 조금 들어가고 허리 치수가 조금 줄었다는 것이다. 근데 이 '조금'들에서 자주 행복감을 느낀다. 예전엔 친구의 남산만 한 배에서 동질감을 느꼈다면 이제는 들어간

48

내 배를 보며 자부심을 느낀다. 가끔 쇼윈도에 비친 내 모습을 감상하기도 한다.

세상 인심은 발레파킹(valetparking)이다. '어떤 차를 타고 갔는가'에 따라 대우가 달라진다. 사람의 포장에 따라 대우가 달라지는 것은 불편한 진실이다. (아시다시피 내가 엄청 멋지다는 얘기는 전혀 아니니 오해 말길 바란다.) 단지 이제는 그냥 주워 입고 외출하지 않는다는 것이다. 나에게 신경을 쓰니 스스로 만족하고, 만족하니 좀 더 신경을 쓰게 되는 선순환 프로세스에 들어섰다는 이야기를 하고 싶은 것이다.

주변을 보면 슈트발, 옷발이 유난히 좋은 사람들이 있다. 우선은 타고난 신체 조건이 있어야 한다. (불행히도 나는 머리가 크고 하체가 짧은 편이다.) 다음으로 배가 나오면 옷태가 살지 않는다. 그래서 나를 가꾸는 것에 꾸준한 운동이 추가되었다. 나는 3년간 헬스로 10kg 이상 살을 뺐다. 살을 빼니 피부가 좋아졌다느니, 젊어졌다느니 하는 소리를 듣는다. 요즘은 거울을 보면 신기하게도 큰 얼굴과 짧은 다리가 보이지 않는다. 넓어진 어깨와 납작한 배만 보인다. 신기한 경험이다. 내 눈에 내 단점이 보이지 않으니 인생이 조금은 더 즐겁지 않겠는가?

게다가 운동을 꾸준히 하니 근육도 조금 나왔다. 애써 얻은 근육이 사라지는 것이 아까워 방문에 철봉을 달아서 틈틈이 턱걸이도 한다. 여름에는 딱 붙는 티셔츠를 입는다. 청바지가 잘 어울린다는 말도 가끔 듣는다. 그 말을 들으면 아무래도 힙 업 운동을 더 하게 된다. 아무도 관심 없지만 혼자 즐긴다. 패션의 시작은 운동이다. 운동은 당신이 입고 있는 옷의 가치를 올려주고 심지어 당신의 가치까지 올려준다. 운동을 하면 이래저래 중년 라이프가 행복해진다.

내 인생 후반전의 소소하고도 황당한 목표 중 하나는 시니어 모델에 도전하는 것이다. 중국에 '왕대순'이라는 시니어 모델이 있는데, 70세에 몸을 만들기 시작해 79세에 데뷔했다고 한다. 나라고 못 할 것이 없다는 생각이 들었다.

시니어 모델, 김대현! 상상만 해도 가슴이 뛴다.

완벽주의자가 아니라
경험주의자가 되어라

　시간이 남아도는 인생 후반전을 위해 취미생활은 필수다. 특히 나이가 들수록 혼자 놀면서 세상과 소통할 수 있는 놀이가 필요하다. 요즘 내 관심사 중 하나가 피부관리인데, 앞에서 말한 '좀비 리프팅 팩'에 대해 부연 설명을 하고자 한다.

　나는 어떤 물건을 구입할 때 사용후기를 꼼꼼히 읽고, 장바구니에 담아놓고 고민하는 시간을 보내는데 어쩐 일인지 이 제품은 보자마자 샀다. 2~3일 후 제품이 도착했다. 대한민국 중년 남성들이라면 다 공감하겠지만, 지금부터 인천국제공항 세관보다 더 까다로운 통관 절차를 거쳐야 한다. 바로 아내의 검수 및 검역 과정이다. 그녀들은 대개 "뭐야?"라는 질문부터 시작해서 "이걸 왜 샀냐? 얼마냐? 쓸데없는 짓 아냐?"와 같은 질문을 쏟아내는데, 여기에 대답을 잘해야 한다.

어쨌든 아내의 검문을 잘 통과하고 설레는 마음으로 언박싱을 하기로 했다. 요즘 SNS에 언박싱 놀이가 유행이다. 나도 젊은 친구들 따라서 언박싱을 하고 사용후기를 작성해 보기로 했다. 박스 안에는 요플레보다 작은 용기와 겔포스와 흡사하게 생긴 비닐 팩이 각 8개씩 들어 있고, 작고 숱이 많은 화장솔도 있었다. 사용설명서를 보니 두 가지, 즉 액체와 가루를 잘 섞어서 솔을 이용해 골고루 펴 바르고 10분 있다 미온수로 씻어내라고 한다.

사용법이야 간단하지만, 아내의 눈앞에서 이런 짓을 하는 것은 좀 부담스럽다. 아내는 여전히 못마땅한 눈초리로 나를 감시하고 있다. 내가 조금이라도 흘리거나 주변을 어지럽히면 엄청난 잔소리를 하면서 압수를 하거나 밖으로 던져버릴지도 모를 노릇이다. 남자의 피부 관리는 이렇게 난관이 많다. 하지만 이겨 내야 한다. 변화는 기득권과의 투쟁을 통해 쟁취하는 결과이므로.

아내를 피해 방으로 들어가 리프팅 팩을 펴 바른다. "탱탱해져라, 탱탱해져라!" 간절한 주문을 외운다. 바르고 조금 있으니 얼굴이 쪼여온다. 개인적으로 이런 느낌 참 좋아한다. 마치 얼굴이 작아지는 듯하다. 그리고 조금 따끔거린다. 저주 받은 내 얼굴이 치유되는 느낌이다. 5분 정도 지나니 쪼임이 상당하다. 눈알이 튀어나올 것 같았지만, 참을 수 있다. 젊어 보이기만 한다면 이까짓 쪼임과 따끔함이야 얼마든지 참을 수 있다. 10분 후 미온수로 리프팅 팩을 깨끗하게 제거하고, 미스트와 세럼을 바르고 수분 크림과 콜라겐 크림을 발라 줬다. 피부가 한결 부드러워진 느낌이다.

광고에 따르면 이 리프팅 팩을 2~3일 간격으로 32회 하면 상당한 효과를 볼 수 있다고 한다. 광고 카피에 불과하겠지만 믿고 싶다. 나는 이미 완벽주의자로 살기보다는 경험주의자로 살기로 결심했기 때문이다. 나도 안다. 냉정하게 보면 내 얼굴이 효과를 볼 얼굴도 아니라는 것을. 젊어 보이면 좋겠지만, 잠시 시계를 멈추기만 해도 본전은 뽑는다고 생각한다.

'하면 된다'는 잘 모르겠지만 '하면 는다'는 내 경험상 확실한 진리다. 중년의 인생을 변화시키는 에너지는 '꾸준함'이다. 무엇이든 꾸준히 하면 변화가 싹트고, 그 조그만 변화가 다른 변화를 불러온다. 운동도 그렇고 미용도 그렇다. 리프팅 팩을 할 때마다 설레고 즐거우면 그것만으로도 효과 만점이다. 중년을 즐겁게 살려면 의심만 하다가 시간을 보내기보다는 무식하게 행동으로 옮기는 것이 필요하다. 그런 의미에서 '초보자에게 주는 조언'이란 시를 소개한다. 미국의 시인 엘렌 코트(Ellen Kort, 1937~2015)의 작품이다.

> '하면 된다'는 잘 모르겠지만 '하면 는다'는 내 경험상 확실한 진리다. 중년의 인생을 변화시키는 에너지는 '꾸준함'이다.

시작하라. 다시 또다시 시작하라.

모든 것을 한입씩 물어뜯어 보라.

또 가끔 도보 여행을 떠나라.

자신에게 휘파람 부는 법을 가르쳐라. 거짓말도 배우고.

나이를 먹을수록 사람들은 너 자신의 이야기를

듣고 싶어 할 것이다. 그 이야기를 만들라.

돌들에게도 말을 걸고

달빛 아래 바다에서 헤엄도 쳐라.

죽는 법을 배워 둬라.

빗속을 나체로 달려 보라.

일어나야 할 모든 일은 일어날 것이고

그 일들로부터 우리를 보호해 줄 것은 아무것도 없다.

흐르는 물 위에 가만히 누워 있어 보라.

그리고 아침에는 빵 대신 시를 먹어라.

완벽주의자가 되려 하지 말고

경험주의자가 되어라.

건강한 부자, 혹은 건강 부자,
둘 중 하나는 돼야 한다

    베이비 부머 세대의 최대 관심사는 돈이다. 우리는 지금 한 번도 가 보지 않은 길을 가고 있다. 인류가 이렇게 장수한 적은 없었고, 준비 없는 장수는 재앙인 시대가 되었다. 단순히 생각해도 노후 준비는 아주 어렵다. 100살까지 산다고 치면, 30년 일해서 60년을 먹고 살아야 한다는 의미다. 문제는 그동안 번 돈의 대부분을 자녀들 학자금과 결혼 비용으로 이미 써 버렸다는 것이다. 대부분은 달랑 집 한 채로(물론 그것도 없는 분들도 많다) 버텨야 한다. 나를 포함해 베이비 부머 대부분은 앞으로 절약하며 살아야 할 것이다. 빠듯한 노후생활에 큰돈이 들어갈 병까지 생긴다면 사는 게 사는 게 아닐 것이다.

    모두가 바라는 가장 완벽한 노후는 '건강한 부자'로 사는 것이다.

그런데 50~60대에 갑자기 부자가 될 수는 없는 노릇이다. 차선책은 '건강 부자'로 사는 것이다. 건강 부자의 조건은 일단 근육이 많아야 한다. 나이 들면 있던 근육도 줄어든다. 그래서 요즘 근육 부자, 근육 연금, 근육 테크라는 말이 유행하고 있다.

근육 부자가 되려면 무조건 운동을 해야 한다. 그런데 실제로 노후를 위해 운동을 한다는 사람은 많지 않다. 국민 비만율은 계속 우상향이다. 최근 새로운 신조어가 등장했다. 바로 '확찐자'다. 코로나19로 인해 배달음식을 많이 먹고, 헬스클럽이나 수영장 등의 이용이 어려워졌기 때문이다. 국민건강보험이 제공한 자료를 보면, 2020년 30대와 40대의 남성 비만율은 각각 54.03%, 52.59%로 역대 최고치를 기록했다.

비만은 고혈압, 당뇨병, 고지혈증과 같은 대사성 질환을 유발하고 각종 암과 관절 질환 발병률을 높인다. 쉽게 말해 각종 성인병의 원인이다. 그러니 나이 들어 계속 돈을 요구하고 삶의 질을 떨어뜨리는 요인 중 하나가 비만인 셈이다. 돈도 없는데 근육까지 없다면 인생 후반전이 힘들다. 거꾸로 돈은 있는데 여기저기 아파 돈을 쓸 수 없다면 그 또한 슬픈 일이다. 돈이 있든 없든 건강해야 한다. 현실적으로 중년이 되어 큰돈을 벌기는 어렵지만, 근육은 의지만 있다면

100% 저축할 수 있다.

　나도 운동이라면 치를 떨던 사람 중 하나였다. 하지만 지금은 4년째 헬스장에서 근육 운동을 한다. 운동을 하면서 느낀 점도 많고, 배운 점도 많다. 더 중요한 것은 근육이 감소하는 꼴을 못 본다는 것이다. 아픔을 참고 만든 근육을 사수하기 위해 음식을 절제하고 비가 오나 눈이 오나 운동을 하러 간다. 운동 후 샤워하러 가면서, 거울에 비친 내 근육을 바라보는 것이 삶의 즐거움 중 하나가 되었다.

　한때 내 별명은 임신 9개월이었다. 키 176cm에 체중 86kg, 허리는 36인치였으니 상상이 될 것이다. 하지만 지금은 2년째 79kg에 허리 32인치를 유지하고 있다. 비록 식스 팩은 없지만 만들 생각도 없다. 내가 추구하는 운동은 먹을 것 적당히 먹고, 적당한 근육을 유지하는 것이다. 나는 지금이 딱 좋다. 여름이면 적당히 피트되는 반팔 셔츠를 입고 근육 잡힌 팔뚝과 팔뚝의 핏줄을 보여 주는 것을 즐긴다. 변태가 아니다. 그냥 스스로가 대견하다. 물컹거리던 내 몸이 단단해지다니 아직도 신기하다. 가끔 몸매 좋다는 빈소리도 듣는다. 최소한 지금의 상태를 유지하기 위해 꾸준히 운동할 생각이다.

　나는 셀프 스킨십을 즐긴다. 내 몸을 자주 만져본다는 뜻이다. 팔뚝에 힘을 주고 단단한 가슴 근육을 만졌을 때 느껴지는 단단한 그립감이 좋다. 엉덩이나 허벅지, 종아리도 수시로 만져본다. 다시 말하지만 나는 변태가 아니다. 잠시 소홀해서 물렁한 부분이 생겼거나 근육이 적어진 느낌이 들면 겁부터 난다. 그러면 다시 헬스장으로 근육을 찢으러 간다. 살짝 중독인 듯도 하지만, 운동에 좀 중독되면 뭐 어떠랴 싶다.

건강한 부자는 아니지만, 다행스럽게도 건강 부자는 될 가능성이 있다. 열 살이나 더 나이 들어 보이던 배불뚝이 대머리 아저씨 김대현이 헬스장을 4년째 다니고 있으니 말이다.

돌이켜보니 나의 '뱃살 빼기' 투쟁은 역사가 깊다.

최초의 기억은 마흔 무렵으로 당시 헬스클럽을 몇 달 다닌 기억이 있다. 참치 뱃살을 빼고는 천하에 쓸모없는 것이 뱃살이라는 것을 알고 있었지만, 그 뱃살을 뺀다는 것이 말만큼 쉽지 않았다. 심지어 배의 지방을 제거한다는 주사 시술을 받은 적도 있다. 지방 흡입술이란 시술이 있다는 것을 알고는 한 번 받아볼까 하는 희망을 가진 적도 있다. 심지어는 복근을 만들어 준다는 성형수술에 관심을 가진 적도 있다. 비닐 랩을 배에 두르고 걷기 운동을 했던 적도 있었다.

딱히 어디가 아픈 것도 아니고 오로지 뱃살을 빼겠다는 목적이었으므로 그렇게 열심히 한 기억도 없고 오래하지도 못했던 것 같다.

그러다가 캐나다로 이민 가서 세탁소를 할 때, 내 뱃살은 획기적으로 줄어들었다. 그 전에는 어마어마한 뱃살 때문에 쪼그리고 앉는 게 불가능했는데, 세탁소 일을 한 지 두 달 만에 배가 들어가 그게 가능해진 것이다. 하지만 세탁소가 망하고 다시 한국으로 돌아와서 원래의 모습으로 돌아가는 데는 채 몇 달이 걸리지 않았다.

다만 차이가 있다면 탱탱하던 엉덩이 살이 쏙 빠지고 그 살이 모두 배에 들러붙었다는 것이다. 운동을 해야 한다는 생각에 헬스클럽에 등록하고서 한 번도 나가지 않았다. 운동을 해야 한다는 생각은 늘 하지만, 건강에 심각한 문제가 발생하지 않는 한 그냥 살던 대로 살게 된다. 중년 남자들 대부분이 그럴 것이라 생각한다. 어찌 보면 운동 강박증이 오히려 더 스트레스가 되었던 것 같기도 하다. 그러던 중 아들이 홈트를 하겠다며 방문에 턱걸이 철봉을 달아 놓았다.

그 철봉이 나를 운동의 길로 이끌었다고 해도 과언이 아니다. 처음에는 매달리기부터 시작했다. 왜냐, 턱걸이를 하나도 할 수 없었기 때문이다. 실로 충격이었다. 대학 시절 산악부였고, 군대에서는 유격장 교관 출신인 내가 턱걸이를 하나도 못 할 것이라고는 생각해 본 적이 없다. 배치기 말고 말이다. 팔 힘이 부족한 것인지 몸무게가 많이 나가는 것인지 확실치는 않지만 그때 내가 턱걸이를 하나도 못 했던 것은 틀림없는 사실이다. 그 후 틈틈이 매달려서 버티기를 하고, 턱걸이를 하나라도 해보겠단 마음에 철봉에 매달리는 시간이 늘어났다. 그러다 보니 두세 개는 할 수 있게 되었다. 어느 날 잘 아는 동네 형(사실은 유명한 연예인)이 물었다.

"요즘 운동하니?"

"안 하는데요, 왜요?"

"어깨가 좀 넓어져서."

"제가 원래 어깨가 넓은데, 이제 보셨어요?"

"아니 내가 그걸 몰라? 전보다 더 넓어진 것 같아서 그러지."

"아, 집에서 철봉에 조금 매달리기는 했죠."

"그래? 보기 좋다."

생각지도 못했던 칭찬이 효과가 있었던지, 그 말을 들은 후 철봉을 더 열심히 했던 것 같다. 일단 턱걸이 10개를 목표로 삼고 더 열심히 철봉에 매달리기 시작했다. 건강도 뱃살도 아니고, 그냥 턱걸이 10개가 내 운동의 유일한 목표였다.

그러던 어느 날 그 동네 형이 헬스클럽을 옮기게 되었는데, 쿠폰이 있으니 '같이 한 번 가보자'고 제안

방문에 매단 철봉이 나를 운동의 길로 이끌었다고 해도 과언이 아니다. 처음에는 매달리기부터 시작했다. 왜냐, 턱걸이를 하나도 할 수 없었기 때문이다.

했다. 가보니 맘에 쏙 들었다. 헬스 시설은 당연히 좋고, 전망 좋은 찜질방에 사우나 시설까지 꽤 괜찮았다. 회원권 가격을 물으니, 조건에 따라 다른데 헬스만 할 경우 180만 원쯤 되었던 것 같다. 당시의 나로서는 부담되는 금액이었다. 아니 부담되는 금액은 아니었지

만, 그때까지 나를 위해 그런 돈을 쓴다는 사실이 익숙하지 않았다고 하는 게 정확하다. 그냥 포기했다. 운동을 해야 한다는 생각도 별로 없었고, 나는 건강했으니 말이다. 그냥 산이나 꾸준히 가고 철봉이면 족하다는 생각이었다.

얼마 후 동네 형이랑 스크린 골프를 하다가 헬스클럽 이야기가 나왔다. 형은 자기가 아는 사람이 거기 있어 할인을 많이 받을 수 있다고 했다. 말이 나오자마자 덥석 미끼를 물었다. 운동을 하고 싶다는 마음보다 '나도 이제 그런 좋은 곳을 다니고 싶다'는 생각이 강했다. 일 마치고 들어오면서 헬스클럽에 들러 사우나에서 쉬고, 휴게실에서 책도 보고 하면 참 좋겠다는 생각이었다. 어찌 보면, 나를 위해 별로 필요하지 않은 것에 비교적 큰돈을 쓴 첫 번째 결정이었다.

지금도 기억이 선명하다. 등록한 다음날, 일을 마치고 헬스클럽에 가서 러닝머신으로 적당히 땀을 빼고 사우나에 들어갔을 때의 느낌을. '아 좋다! 그래, 이게 사는 거지.' 이런 경험을 하기 위해 돈을 버는 것이 맞다. 첫 키스의 추억만큼이나 오래도록 기억날 순간이다. 많은 베이비 부머 세대가 그렇듯이 나를 위해 돈을 쓴다는 것에 참 인색했다.

캐나다에서의 세탁소 사업에 실패하고 홀로 돌아와 기러기 아빠 생활을 하며, 아이들 학비와 생활비를 보냈던 세월은 늘 쫓기는 삶이었다. 돈 좀 벌어보려고 시작했던 주식으로 억대의 돈을 날리고, 근근이 강사 생활을 하면서 버틴 세월이 8년이다. 아내가 돌아온 후에도 캐나다에 있는 두 아들의 대학 학비를 보내느라 아둥바둥했다.

그러니 나를 위해 쓸데없는 돈을 쓴다는 것은 스스로 허락되지 않았다. 어쩌다 방송에 나가게 되고 전보다는 생활이 조금 나아졌지만 그래도 부족했다. 그런 내가 비싼 헬스클럽에 등록했다. 그러니 본전 생각이 나서 거의 매일 갔다. 가서 운동하고, 찜질방 갔다가, 사우나 갔다가, 속된 말로 뽕을 뽑았다.

지금 4년째 계속되는 나의 헬스클럽 라이프가 건강 때문에 시작된 것이 아니라니 아이러니하다. 씻기 위해서라도 매일 헬스클럽에 갔다. 집의 물값이라도 아껴야 비싼 헬스클럽을 겁없이 등록한 나의 죄를 스스로 사할 수 있을 것 같아서다. 곰곰이 생각해보니, 내가 지금까지 운동을 꾸준히 하고 있는 비결은 투자한 돈이 아까워서인 것 같다.

나의 인생 후반전에서 충동적으로 질러본 것들이 주효했다. 그중 헬스클럽과 미용시술에 들어간 돈은 정말이지 전혀 아깝지 않다. 김대현 실록을 쓴다면, 가장 잘 쓴 돈으로 기록될 일이다. 나이 들수록 돈을 잘 써야 한다. 시작은 우연이었지만, 그 우연이 내 인생을 바꿨다. 좋을 때나 나쁠 때나 운동이 있어서 정말 다행이다.

남자는 팔뚝으로
세상과 소통한다

나는 걷는 것을 좋아했다. 대학 때는 산도 많이 탔다. 헬스클럽이란 신세계를 발견한 나는 러닝머신 위에서 걷고 또 걸었다. 헬스클럽은 7층에 위치했다. 나는 시원하게 펼쳐진 호수공원 뷰를 감상하며 우아한 걷기의 즐거움을 만끽했다. 앞에는 티브이가 있고, 옆에는 레깅스를 입은 예쁜 처자들이 열심히 걷고 있다. 경사를 두고 걷기도 하고, 속도를 높여 달리기도 했다. 이어폰으로 음악을 들으면서 걷고, 티비를 보면서 걷는다는 것은 호사스러운 경험이었다. 걷는 것이 최고의 운동이라는 것이 당시의 신념이었다.

그런데 몇 달을 걷다 보니 슬슬 지겨워지기 시작했다. 한계 효용 체감의 법칙인가? 사우나도 시들해지고, 헬스클럽의 모든 것이 더 이상 신기하거나 즐겁지 않았다. 그러다 보니 하루 이틀 빼먹는 날도 생겼다. 뭔가 재미있는 일이 없을까? 그때 역기나 덤벨 같은 기구 운동을 하는 젊고 잘생긴 남성들이 보였다. 핏줄이 선명하고 우람한 팔뚝 근육이 눈에 들어온 것이다. 멋지다. 나도 저걸 한번 해볼까?

사실 나는 근육을 키우는 운동을 별로 좋아하지 않았다. 심지어 우락부락한 몸을 혐오하기까지 했다. 나뿐 아니라 베이비 부머 세대라면 최고의 근육으로 이소룡을 꼽을 것이다. 오랜 운동으로 다져진, 잔근육으로 이루어진 섬세한 몸이 진짜라고 생각했다. 근력운동으로 키운 근육은 가짜라는 편견을 오랫동안 가지고 살았던 것 같다. 그래서 그쪽으로는 아예 눈을 돌리지도 않았다. 트레이너에게 나는 근육운동을 하지 않을 것이라고 단언하기까지 했다. 물어보지도 않았는데 말이다.

그런데 젊은이들의 멋진 팔뚝과 내 팔뚝을 비교하니 자괴감이 몰려왔다. 배는 아직도 나와 있고 팔다리는 가늘다. 걷기만 했더니 근육이 더 빠진 느낌이다. 일단 벤치프레스를 하기로 했다. 나이가 들고 살이 찌니 가슴이 여자처럼 변하는 것 같아 우울했는데, 벤치프레스로 가슴을 단단하게 만들고 팔뚝도 좀 키우고 싶다는 생각에 기구 운동을 시작한 것이다. 이때도 건강을 위해 근육 운동을 하겠다는 생각은 없었다. 단지 건강한 팔뚝을 가지고 싶다는 단순한 욕망에서 시작했다. 덤벨도 들어보고, 역기도 들어보고, 스쿼트도 해봤다.

그런데 이것저것 조금씩 하니 몸만 피곤하고 아무런 표가 나지 않았다. 그래도 이왕 시작한 거 꾸준하게 해보기로 했다. 한 달이 지나니 미세하게나마 팔뚝에 근육이 붙기 시작했다. 근육이 붙으니 재미도 붙어서 더 열심히 했다. 그렇게 시작한 운동이 지금 햇수로 4년째다. 4년 가까이 했다니 근육이 장난 아닐 거라 생각하면 오산이다. 나의 운동 목표는 다음의 세 가지니까 말이다.

첫 번째, 적당히 먹으면서 운동하자.

두 번째, 누가 보더라도 '운동하는구나' 할 만큼만 하자.

세 번째, 무리하지 말고 적당히 하자.

부상이라도 당하면 오히려 해가 될 수도 있는 나이 아닌가. 무거운 무게를 들 때는 안전한 기구를 주로 사용하고, 안전하지 않은 기구는 무리한 무게를 들지 않는다는 나름의 원칙을 지키고 있다.

근육이 살짝 붙으니 조금 더 키우고 싶은 생각이 들기는 한다. 근육을 키우려면 기본적으로 근육에 상처를 주어야 한다. 상처가 아무는 과정에서 섬유질이 증가하고 이것이 근육량의 증가로 이어진다. 근육을 키우려면 조금은 아프게 운동해야 한다는 의미다. 팔뚝의 근육이 나름 보기 좋아지니 광배근을 키우고 싶어졌다. 이렇게 여기저기 근력운동을 하면서 헬스클럽에 비치된 인바디로 체크해보니 상체 근육은 평균 이상인데, 하체 근육이 평균 이하였다.

그 후 하체 운동 위주로 하고 있는데, 개인적으로 하체 운동이 쉽지 않다. 운동량에 비해 효과가 늦게 나타나고 관절이 좋지 않아 조금 부담스러운 면이 있다. 하지만 전체 근육의 70%를 차지할 정도로 중요하고 엉덩이와 허벅지, 종아리 근육이 좋으면 당뇨병, 관절염, 혈액순환 장애 등 성인병 예방에 탁월한 효과가 있다 하니 더 열심히 하려고 노력 중이다. 좋아하지는 않지만 자전거를 좀 더 타야 할 것도 같다.

굵어진 팔뚝을 보면, 그리고 다른 사람의 칭찬을 들으면 다른 근육을 키우고 싶은 욕심이 생긴다. 경험상 확실하다.

 헬스클럽 다니는 게 지겹다는 친구를 만나면, 나는 한 달만 집중적으로 팔뚝 운동을 해보라고 권한다. 굵어진 팔뚝을 보면, 그리고 다른 사람의 칭찬을 들으면 다른 근육을 키우고 싶은 욕심이 생긴다. 경험상 확실하다. 그렇게 하나씩 근육을 키워 나가면 된다. 나름의 선택과 집중은 늘 필요하다. 남자는 팔뚝으로 세상과 소통한다. 또한 팔뚝을 보며 자신과도 소통한다. 그래서 남자는 팔뚝이다.

운동을 하면
사람이 너그러워진다

　운동을 하면 뭔가 자신감이 붙고 의욕이 솟는 느낌이다. 그래서 소심한 성격을 고치는 데도 운동이 좋을 것이란 생각을 한 적이 있다. 이게 전혀 허무맹랑한 게 아닌 것이, 근육운동을 하면 남성호르몬인 테스토스테론이 분비되는데 특히 하체운동을 하면 이 호르몬의 분비가 더욱 왕성하다고 한다. 테스토스테론은 뼈, 근육, 성 기능, 피지선, 체모의 발달 외에도 집중력, 판단력, 지구력을 높이고 비만 예방, 면역력 증강, 우울감 억제 등의 역할을 한다. 운동을 하면 기분이 좋아지는 것은 기분 탓이 아니었던 것이다.

　남성호르몬이 부족하면 피로, 무기력, 근력 저하, 골밀도 감소, 복부 비만 증가, 성욕 감퇴, 발기력 저하, 불안감, 우울증 등의 다양한 증상이 나타난다고 한다. 한마디로 남자에게 테스토스테론이 없다면 시체와 다름없다. 운동을 해서 남성호르몬이 왕성하게 분비되니 의욕이 솟고 자신감이 생기는 것 당연한 결과였다. 그런데 이게 끝이 아니다. 운동을 하면 새로운 맛을 알게 된다. 바로 '거울 보는 맛'이다.

헬스클럽에 가면 거울이 많은데, 처음에는 그 이유를 몰랐다. 더 이상한 것은 모두들 거울을 노려보며 인상을 쓰면서 운동을 하는 것이었다. 처음엔 꼴불견이라고 생각했다. 그런데 어느새 나도 거울을 보면서 운동을 하고 있었다. 일단 정확한 자세를 확인하는 데 도움이 된다. 정확한 자세로 해야, 부상을 방지하고 운동의 효과를 높일 수 있다. 거기다 약간의 나르시시즘 효과를 볼 수 있다.

거울을 보며 운동하면 자신의 근육과 핏줄, 힘줄이 선명하게 보이는데 이게 중독성이 있다. 이 맛을 알려면 최소한 몇 달은 걸린다. 이 맛을 보지 못한 사람들은 초반에 운동을 그만두는 경향이 있다. 그래서 나는 운동을 시작하는 사람들에게 '거울을 보는 즐거움'을 느낄 때까지 해야 한다고 주장한다.

나 역시 거울 속의 내 모습을 즐긴다. 내가 나를 보면서 행복하다는 데 누가 딴지를 걸겠는가. 가끔은 건강은 뒷전이고, 거울 속의 내 모습 때문에 운동한다는 느낌이 들 정도다. 클라이맥스는 운동을 마치고 사우나에 들어갈 때다. 거울 속에 비친 약간 벌크 업된 내 몸을 보는 즐거움을 빼놓을 수 없다. 오늘도 나를 위해 뭔가를 했구나 하는 생각이 들어 뿌듯하다.

더 솔직하게 말하면 남에게, 특히 이성에게 보여주려고 운동하는 측면도 있다. 물론 그 어떤 여자도 나를 쳐다보지 않을 거란 걸 잘 안다. 심지어 아내도 내 몸에 관심이 없다. 그래도 혹시 누가 봐줄지 모른다는 생각으로 그냥 열심히 한다. 그래서 주로 남들에게 어필할 수 있는 부위에 신경을 쓴다. 팔뚝과 엉덩이 말이다. 신경 쓴다고 좋아지는 것은 아니다. 특히 엉덩이는 늘 그대로다. 그래도 난 매일 찰싹 올라붙은 멋진 엉덩이를 꿈꾸며 운동한다. 가끔은 이런 내가 변태 같기도 하다.

운동을 하니 오히려 신경 쓰이는 게 많다. 바지 사이즈가 36에서 32로 줄었지만, 조금 남아 있는 배가 자꾸 거슬린다. 허리 사이즈가 줄면서 자존감이 늘어나는 경험도 했다. 입고 싶은 옷이 많아졌다.

> 그래도 난 매일 찰싹 올라붙은 멋진 엉덩이를 꿈꾸며 운동한다. 가끔은 이런 내가 변태 같기도 하다.

멋진 이태리 남자처럼 수트발도 자랑하고 싶다. 화려한 색상의 재킷도 입고 싶다. 누누이 말했지만 나는 절대 이런 부류의 사람이 아니었다. 군복이 제일 잘 어울리고, 헐렁한 옷을 즐겨 입고, 비싼 등산복을 좋아하던 그냥 아저씨였다. 그런데 어느 날부터 청바지에 딱 달라붙는 티셔츠를 선호하게 되었다. 이게 다 운동 덕분이다.

운동은 내 몸을 사랑하게 해주었고, 내 삶을 변화시켰다. 그리고 근본적으로 건강을 주었다. 의사 친구는 건강 검진을 받을 때마다 '다시 군대 가도 되겠다'는 말을 하곤 한다. 코로나로 힘든 지금, 우울한 날들의 연속이지만 운동을 하는 순간만큼은 그것들을 잊을 수 있어서 좋다. 그리고 '걸으면 해결된다(Solvitur Ambulando)'는 격언처럼, 운동을 하다가 새로운 생각이 떠오르기도 한다. 이렇게 좋은 점들이 많은데 운동을 마다할 이유가 없다.

운동을 하면 살아가는 데 꼭 필요한 것들이 많이 붙는다. 의욕, 성취감, 자존감, 자기 만족감 등이다. 기분이 좋아지고, 사람이 너그러워지고, 자주 웃게 된다. 운동 끝난 후, 음악을 들으며 집에 가는 길이 참 좋다. 중년 남자에게 운동은 행복이다.

골프는 몸의 습관,
인생은 마음의 습관

    지난해 갑자기 골프를 잘하고 싶다는 열망에 사로잡혔다. 골프를 못 하는 것은 아니지만 레슨도 받지 않고 연습장에 자주 가는 것도 아니다 보니, 나는 일명 '백돌이'였다. 모임에서 골프를 하면 늘 최고 타수를 자랑한다. 즐겁자고 하는 일인데 끝이 늘 우울하다.

    연습장에서는 기가 막히게 공이 맞는다. 스크린에서도 스코어가 잘 나온다. '이러다 80타에 진입하면 어떡하지?'란 생각도 든다. 다음은 이야기하지 않아도 알 것이다. 라운딩에 다녀오면 골프를 그만둬야 할지 고민한다. '왜 나는 늘 당기는 걸까? 왜 어프로치는 꼭 탑을 때리는 걸까? 왜 퍼터를 열고 때리는 걸까? 왜 나는 잔디를 파먹지 못하고 아끼는 걸까? 왜, 왜, 왜?' 다들 골프를 그만둘 나이에 골프를 배운다는 것이 이렇게 힘들 줄 몰랐다. 내가 싱글을 하겠다는 것도 아니고, 남들 다 하는 90 초반만 치겠다는데 왜 이리 협조를 안 해줄까? 그리고 왜 저 새끼가 나보다 잘 치는 거냔 말이다.

짜증과 분노를 가라앉히고 냉정히 생각해보자. 나는 골프를 제대로 배운 적도 없고 연습도 많이 하지 않았다. 투자한 게 거의 없다. 사실 그동안 골프에 별 흥미를 느끼지도 못했고, 백돌이 수준을 창피하다고 생각한 적도 없다. 그러다 어느 날 갑자기 잘 치고 싶어졌고 갑자기 창피해졌다. 한마디로 난 미친놈이 맞다. 한 달만 레슨을 받고 연습 조금 하면 90대 중반은 칠 거라고 확신했기 때문이다. 누가 나에게 "한 달만 배우면 방송에서 토크를 잘할 수 있나요?"라고 물어본다면 미친놈이라고 했을 게 확실하다. 타고난 사람이라도 시간과 경험이 중요하다.

코로나로 일이 줄어든 지난해 여름, 맘잡고 한 달 레슨을 받았다. 연습장을 등록하고 정말 노동 같은 연습을 했다. 하지만 난 아직도 백돌이다. 아내에게 푸념하자, "그렇게 한두 달 해서 잘 치면 우리나라 사람 모두 프로 선수가 됐겠네"라는 당연한 대답이 돌아왔다. 머리로는

> 갑자기 골프를 잘 칠 수 없는 것처럼 인생 후반전이 갑자기 즐거워지는 일은 일어나지 않을 것이란 건 확실하다.

이해가 되지만 가슴이 받아들이지 않는다. 나는 다르다는 생각에서였다. 물론 다르긴 달랐다. 배울수록 더 못 쳤으니까. 그렇게 내 자

신에 대한 실망감에 절어 있던 무렵 문득 깨달음이 왔다. '아, 골프나 인생이나 갑자기 되는 것은 아무것도 없구나!'

내가 이 책을 쓰겠다고 생각한 것도 인생 후반전을 다르게 살아보자는 생각에서였다. 다르게 살기 위해서는 그에 상응하는 노력과 투자를 해야 한다. 의욕과 상상력만으로는 아무것도 되지 않는다. 골프를 죽도록 잘 치고 싶은데 아직 백돌이라면 연습이 부족한 것이고 경험이 부족한 것이다. 모두가 나름 잘난 놈인데, 그중에 연습을 많이 하고 실전 경험이 많은 놈이 잘하는 것은 당연하다. 타이거 우즈는 몸이 기억할 때까지 연습한다고 했다. 결국 골프는 몸의 습관이고, 연습은 좋은 습관을 몸에 붙이는 과정이다. 잘하고 싶다는 생각은 변화의 시작이지만, 생각만으로는 원하는 것을 얻을 수 없다.

흔히 골프를 인생에 비유하곤 한다. 백돌이 수준이라서 그런지 아직은 그 말을 정확하게 이해하지 못한다. 하지만 갑자기 골프를 잘칠 수 없는 것처럼 인생 후반전이 갑자기 즐거워지는 일은 일어나지 않을 것이란 건 확실하다. 몸의 습관이 바뀌어야 골프를 잘 치고, 마음의 습관이 바뀌어야 다른 인생을 맛볼 수 있다.

내 인생 마지막 바람은
혼자 화장실 가는 것

슬픈 일이지만, 요양원이 요즘 시대의 고려장이란 말이 있다. 좋은 요양원에 모시는 것이 효도인 세상이 온 것이다. 우리 부부뿐 아니라, 베이비 부머 세대 대부분에게 해당되는 이야기다. 주변에서 이런 일들을 지켜보다 보면, 평생 치매에 걸리지 않고 건강하게 살다가 가고 싶다는 간절한 마음이 생긴다. 나 역시 한 인간의 존엄성을 송두리째 앗아가는 치매란 병이 무섭다.

치매뿐 아니라 스스로 일어날 수 없고, 스스로 걸을 수 없고, 스스로 용변을 처리할 수 없다면 마찬가지일 것이다. 누군가 내 용변을 처리해 준다는 것은 상상도 하기 싫다. 하지만 요즘에 이런 일은 너무나 일상적이다. 사실은 집안 어른 두 분 모두 그런 상황이다. 한

분은 치매라서 자신에게 벌어지는 일을 인식하지 못한다 치더라도, 의식이 또렷한 분은 어떤 심정일까? 정말 이런 일을 막을 수는 없을까? 장담은 못 하지만 깔끔하게 살다가 깔끔하게 세상을 떠나는 분들도 많다. 누구라도 그런 굿 엔딩을 원할 것이다.

이제는 운동해야 할 확실한 목표 하나가 추가되었다. 바로 죽기 전날까지 혼자 화장실에 가는 것이다.

이 모든 일이 운명이라고 생각할 수도 있다. 하지만 최근 인간의 수명은 비약적으로 늘어났다. 우리 모두가 장수할 운명을 타고난 것이 아닌데 오래 살게 된 것처럼, 마지막 순간까지 건강하게 살았던 분들에게는 나름의 이유가 있다고 생각한다. 치매 관련한 방송을 하다 보면 의사들이 공통적으로 말하는 치매 예방법이 있다. 이를 잘 닦고, 뇌에 도움이 되는 음식을 자주 먹고, 운동을 꾸준히 하라는 것이다. 치매를 막기 위해 의학적으로 내가 할 수 있는 일은 없지만, 생활 습관은 바꿀 수 있다. 그중 가장 쉽고 효과가 좋은 것이 운동이다.

뇌와 몸이 건강하면 치매뿐 아니라 다른 질병에 걸릴 확률도 줄어든다. 그렇다면 손을 많이 사용하는 운동이 좋을 것 같았다. 내가 4년째 하고 있는 운동은 헬스다. 아시다시피 헬스는 기구를 많이 사용하므로 손바닥을 자극한다. 손은 뇌와 밀접하게 연결되어 있다고 들었다. 그래서 화가와 지휘자가 장수하고, 심지어 뜨개질만 해도 기억력 손상을 막을 수 있다고 한다. 요즘은 기구를 들 때 '손의 어떤 부분을 자극하는 것이 좋을까'라는 생각을 자주 한다.

처음엔 남들 보여주기 위해 시작한 운동이지만, 이제는 운동해야 할 확실한 목표 하나가 추가되었다. 바로 죽기 전날까지 혼자 화장실에 가는 것이다.

Chapter

2

다르게 살고 싶다면,
지금 당장 바꿔야 할 것

일단 저지르자,
그래도 큰일 안 난다

나는 골프 초보, 골린이다.

실력은 초보지만 주워들은 것은 제법 많다. 흔히 골프에서 비거리는 중요하지 않다고 하는데, 그것은 사람에게 외모가 중요하지 않다는 말과 비슷하다. 특히나 남자에게 비거리는 자존심이다. 그래서인지 비거리를 늘려 준다는 고반발 드라이버가 비싸게 팔린다. 요즘 아내와의 공통 관심사가 골프이다 보니, 골프 프로그램을 자주 보는 편이다. 채널을 돌리다 우연하게 '당골못(당신이 골프를 못 하는 이유)'이란 프로그램을 보게 되었다.

드라이버 샷을 점검해주고 드라이버를 피팅해 주고 그 결과를 보여 주는 게 주 내용이다. 어찌 보면 피팅 숍을 홍보해 주는 프로그램 같기도 하다. 실제로 이 방송을 보고 있으면 피팅에 대한 관심이 높아지기도 한다. 아마추어 골퍼 중 자신의 스윙에 만족하는 사람은 드물 것이다. 이것을 연습이 아닌 클럽 피팅으로 수정할 수 있다는 데 어찌 솔깃하지 않을 수 있단 말인가.

방송은 각자의 드라이버 비거리에는 이유가 있다고 주장한다. 스윙 속도가 빠른 사람은 드라이버 각도가 낮을수록 많이 나가고, 반대로 스윙 속도가 빠르지 않는 사람은 드라이버 각도가 높아야 거리가 늘어난다는 것이다. 실제로 스윙 속도가 빠르기로 이름난 PGA 선수는 드라이버 각도가 5도라고 한다. 주말 골퍼들 중에는 자신에게 맞지 않는 드라이버를 사용하는 사람들이 많다고 한다. 프로급 드라이버를 사용하면서 헤드 스피드는 주말 골퍼 수준이니 스윙과 드라이버가 맞지 않는다.

고치기 힘든 걸 고치려고 스트레스 받지 말고, 방법을 바꾸면 된다. 인생 후반전을 행복하게 지내고 싶다면 사고를 쳐야된다는 말이다.

다 맞는 말은 아니겠지만 상당히 신빙성이 있어 보인다. 실제로 새롭게 피팅한 드라이버로 치니 비거리가 수십 미터 늘고 방향성이 좋아지는 모습을 보여 주기도 한다. 물론 편집 과정을 거쳤을 테지만 중요한 것은 최고 기록을 경신했다는 사실이다. 지금 독자들에게 골프 상식을 전해주려고 이 얘기를 구구절절이 하고 있는 것은 아니다. 우리들 인생도 자신에게 딱 맞는 것을 못 찾은 상태에서 살아왔는지 모른다는 생각이 들었기 때문이다.

어쩌다 아주 좋은 골프 클럽을 얻었다. 그것이 자신에게 맞지 않는 줄 모른다면 평생 자신의 스윙 탓만 하고 살 것이다. 같은 맥락에서 행복하지 않은 것을 자신의 잘못으로 돌리고 살아가는 것은 아닌지 모르겠다.

골프 클럽 피팅으로 변화가 가능하듯이, 우리의 삶에도 변화가 필요하다. 치던 대로 치면 스코어가 좋아질 가능성은 거의 없다. 뭔가 바꾸어야 한다. 하이 스코어를 원한다면 스윙 폼을 교정하든지 골프 클럽을 바꾸든지 말이다.

이 프로그램을 보면서 느낀 점이 또 하나 있다. 스윙 습관을 교정해 주기보다 스윙에 맞게 드라이버를 피팅해 준다는 점이다. 신선하다. 나이 든 골퍼가 습관을 교정하는 것은 쉬운 일이 아니다. 다소 잘못된 습관일지라도, 클럽을 피팅해서 골프를 즐길 수 있다면 결코 부끄러운 일이 아니다. 어쩌면 가장 효율적인 방법일 것이다. 우리 인생도 마찬가지다. 고치기 힘든 걸 고치려고 스트레스 받지 말고, 방법을 바꾸면 된다. 인생 후반전을 행복하게 지내고 싶다면 뭔가 바꿔야 한다. 평생 하지 않던 사고를 쳐야 된다는 말이다.

인류의 역사도 사고를 쳤던 사람들이 주도했다. 우리에게 필요한 것은 좋은 사고, 좋은 저지름이다. 나에게 모발 이식은 분명히 긍정적 나비 효과를 불러일으킨 좋은 사고였다. 인생을 다르게 살아보고 싶은 중년 남자들에게 필요한 것은 삶의 전환점, 즉 터닝 포인트다. 당신에게 큰 사고, 좋은 사고를 한 번 쳐 보라고 권한다. 사고 중에서 나를 바꾸는 것이 가장 큰 사고다. 시작이 반이라는 말은 정말 맞는 말이다. 뭔가 시작해야 뭔가 변화가 있다.

중년의 뇌는
신의 영역에 이른다

2013년부터 방송을 시작했다. 참 힘들었을 때였다. 아마 힘듦의 정점이었을 것이다. 사기도 당하고, 속된 말로 누군가의 시다바리 노릇도 했다. 자존심 같은 것은 중요하지 않았다. 캐나다에 있는 아이들 때문에 다른 맘도 먹을 수 없었다. 아마 50이 되는 것에 별다른 소회를 느낄 여유가 없었을 것이다. 그렇게 시간이 지나 이제 곧 60이란다. 솔직히 60이 되고 보니 '지금 50이라면 얼마나 좋을까?'라는 기분도 들지만, 인생은 군대와 같아서 상병 계급에서 일병으로 내려갈 수는 없는 일이다. 더군다나 50대로 돌아가고 싶지 않은 마음도 한 켠에 있다. 다시 힘들고 싶지 않기 때문이다.

중년이란 말에는 부정적 단어들이 따른다. 우울증, 갱년기, 건망

증, 노화, 퇴화, 약화, 눈물, 명퇴, 석양 그리고 또 뭐가 있을까? 그래서 중년이 되면 의기소침해지는 경우가 다반사다. 중년은 뭔가 쇠락해 가는 느낌이다. 모든 것이 말이다. 그런데 이런 느낌은 세계 공통인 듯하다.

시카고 대학의 인류학자, 리처드 슈웨더(Richard Shweder)는 우리가 중년에 대해 이렇게나 음침한 생각을 갖게 된 배경을 설명하면서, 이는 세계 각지에서 다르게 형성된 '문화적 허구'이며 중년의 위기는 신체적, 정신적 쇠퇴를 강조하는 사회가 만들어낸 과장된 개념이라고 주장한다. 또한 브랜다이스 대학의 상주학자 마거릿 굴레트는 우리는 '우리 위로 비처럼 쏟아지는 쇠퇴 이념'의 희생자들이라고 말한다. 이렇게 중년에 대한 우울한 관점들이 존재하고 강화되는 이유는 기업들의 공포 마케팅 탓도 있다.

중년에는 조심해야 할 것이 너무 많다. 각종 성인병을 예방하는 비타민과 노화를 방지하는 항산화제를 섭취해야 하고, 관절 질환도 예방해야 하고, 치매도 대비해야 한다. 유산균으로 장 건강과 면역력을 지켜야 하고 탄수화물을 줄여야 한다. 피부를 위해 콜라겐도 섭취해야 하고 골다공증과 우울증, 불면증도 조심해야 한다.

이런 방송들을 보고 있자면 내가 잘 살아 있는 것이 기적 같다는 생각이 든다. 아무래도 부정적 정보를 자주 접하면 불안과 위기감이 증폭되는 것은 당연한 일이다. 특히 방송을 통해 건강 정보를 자주 접하는 나 역시 예외가 아니다.

그러다 우연히 바버라 스트로치의 '가장 뛰어난 중년의 뇌(해나무, 2011년)'란 책을 알게 되었다. 제목부터 신선했다. 아니 충격적이었다. 책의 제목이 내용을 요약하고 있다. 인간의 뇌는 중년이 되어서야 최고 수준에 도달한다는 것이다. 중년의 뇌는 속도에 있어서는 젊은 뇌에 밀리지만, 통합적 능력에 있어서는 훨씬 뛰어나다고 한다. 게다가

중년의 뇌는 통합적 능력에 있어서 훨씬 뛰어나다. 게다가 남자는 50대 후반, 여자는 60대 중반에 절정에 다다른다고 한다.

남자는 50대 후반, 여자는 60대 중반에 절정에 다다른다는 얘기다.

차 키를 둔 곳을 못 찾고, 단어가 빨리 떠오르지 않고, 약속을 잊어버리고, 냄비를 태우는 일은 뇌가 퇴화되어서 그런 것이 아니었다. 너무 많은 것이 저장되어서 인출에 시간이 걸릴 뿐이란다. 책꽂이에 책이 10권 있으면 금세 찾지만, 수백 권 있으면 찾는 데 시간이 걸리는 게 당연한 일이다.

깜빡깜빡하는 나를 자책하고 속절없는 세월을 탓한 게 잘못이었다. 새로 산 컴퓨터도 버벅거린다. 처리 속도를 넘어선 프로그램을 돌리면 오류가 난다. 그럴 때는 껐다가 켜면 대부분 해결되고, 필요 없는 프로그램을 삭제하면 된다. 즉 처리 속도의 문제이지 노화의 문제가 아니다.

정말 힘이 나는 소식이다. 중년에 대해서 처음 듣는 희망의 메시지다. 인간의 뇌는 중년이 되어서야 신의 영역에 이른다고 한다. 중

년이 되면 쓱 보기만 해도 나쁜 놈을 알아본다고 하는데, 이것도 신의 영역인지 모르겠다. 갑자기 희망적인 얘기를 듣다 보니 마음 한 구석에서 의심이 일어났다.

이 책을 쓴 저자는 누구일까? 찾아 보니, 버클리를 졸업하고 타임스와 뉴욕타임스에서 과학 및 의학 전문기자로 활약한 사람이란다. 게다가 실험 데이터를 가지고 저술했다고 한다. 완전 뻥은 아니라는 말이다. 믿고 싶다. 아니 믿기로 했다. 사람은 믿고 싶은 것만 믿는 경향이 있는데, 이는 다행스러운 일이다. 중년이 되면 모든 것이 퇴화하는 걸로 알았는데 좋아지는 것이 있다니 이 어찌 기쁘지 않을 것이며, 이 어찌 믿지 않을 것인가?

가끔 생방송을 할 때가 있다. KBS의 아침마당 같은 경우다. 생방송의 부담감으로 한동안은 대본을 외우는 것이 힘들었다. 수치나 통계 같은 것도 제시해야 하는데, 우뇌형 인간을 자처하는 나에게 숫자를 외우는 일은 쉽지 않다. 게다가 대화 중간에 치고 들어가 적절한 구라를 풀면서 이 수치를 자연스럽게 말해야 한다. 그런데 어느 날부터인지 이상하게 대본이 잘 외워진다는 느낌을 받았다. 물론 대본의 양이 많은 것은 아니지만, 예전과 비해 비교적 수월하게 암기했던 것이다. 내 암기력이 좋아진 게 아닐까 생각하기도 했다.

중년의 뇌는 다른 방식을 사용한다는 얘길 들은 적이 있다. 젊은 시절에 비해 집중력이 떨어지면 그것을 회복하려고 노력하는 대신, 우회하는 다른 방식을 찾아낸다는 것이다. 그렇다면 나의 뇌도 다른 암기 방식을 찾아낸 걸까? 나도 모르게? 원인도 알 수 없고 내 암기력이 진짜 좋아졌는지 검증할 방법도 없다. 하지만 아주 중요한 사실이 있다. 바로 희망이 생겼다는 것이다.

희망! 나이 들수록 희망이 줄어든다. 희망이 줄어들면 의욕도 줄어든다. 그러면 사는 게 재미없다. 그래서 중년은 스스로 희망을 만들어야 한다. 어린 시절에 읽었던 '꽃들에게 희망을'이란 책이 떠오른다. 내용도 잘 기억나지 않는데 그 책의 제목이 생각났고, 연이어 다음 문장이 떠올랐다.

'중년에게 희망을!'

아내는 왜 갈수록
똑똑해지는가?

중년의 뇌가 절정을 향해 가고 있다는 생각에 희망이 생겼다. 그동안 나이는 숫자에 불과하다는 얘기를 비웃었는데, 아닐 수도 있다는 생각이 들었다. 그러고 보니, 지난 몇 년 동안 풀리지 않았던 의문점이 한 방에 해결되었다.

어느 날부턴가 아내가 똑똑해졌다는 생각이 들었다. 말이 많아서 그런 것은 아니다. 말은 원래부터 많았다. 뭔가 주제를 가지고 내가 한마디 하면, 그 전에는 듣고만 있었는데 어느 날부터 본인이 너무도 자신 있게 모든 결론을 내버리는 것이었다. 솔직히 꼴 보기 싫었다. 내가 잘난 척을 좀 해야 하는데, 자기가 내 말을 잡아채서 결론까지 내버린다. 이상하게 그 결론이 대충은 내 생각과 일치했다. 그래서 더 짜증이 났다. 어쩌다 아내는 정치, 경제, 사회, 문화 전 분야에 박식해졌을까?

저 여자는 뭘 저렇게 주워들은 것이 많담? 그런데 더 꼴 보기 싫은 것은 방송에 관한 대화를 나눌 때다. 이것만큼은 내 전공 분야 아닌가? 그런데 이마저도 자신이 다 아는 것처럼 말하니 정말 미칠 지경이다. 팩트는 아내가 변했다는 것이다. 인정하기 싫지만 똑똑해졌다. 예전 동네에 그런 어른 한 분씩은 꼭 계시지 않았는가? 바로 '척척박사' 말이다. 진위는 확인할 수 없지만 아무튼 그들은 모든 것을 다 아는 척했다. 과거에는 아내가 나를 척척박사라고 칭찬했는데, 지금은 확실히 아내가 척척박사다.

방송에 출연하면서 정신과 의사나 심리학자 분들에게 이런 질문을 했다. "아내가 최근에 겁나게 똑똑해졌는데 그 이유를 모르겠어요. 아마 나 모르게 벼락을 맞았나 봐요." 아재 개그를 섞어서 농담을 하긴 했지만 속시원한 답은 찾지 못했다.

그러다가 중년의 뇌가 슈퍼컴퓨터처럼 작동하고 심지어 신의 두뇌와 비슷해진다는 책을 보고 무릎을 치지 않을 수 없었다. 아, 내 아내가 슈퍼컴퓨터로 변신했구나! 그제서야 아내가 갑자기 똑똑해진 이유가 납득되었고, 아직까지 그것을

이런 와중에 점점 더 좋아지는 게 있다는 소식은 복음에 가깝다. 이제부터라도 스스로의 가능성을 믿어보자. 하늘은 스스로 믿는 중년을 돕는다.

반박할 만한 다른 이유를 찾지 못했다. 아내에게도 내가 발견한 것을 말해주었다. "중년의 뇌가 가장 똑똑하고, 여자는 60대 중반까지 뇌가 좋아진다는군." 아내는 호들갑스럽게 "정말?" 하더니 눈을 반짝인다. 아무래도 내가 잘못한 것 같다. 아내의 척척박사 놀이가 더 심해질 것 같다는 불길한 예감이 든다.

요즘은 비슷한 연배의 사람과 대화할 때 이 소재를 즐겨 활용한다. "인간의 뇌는 중년이 되면 기능이 떨어지긴 하지만, 좋아지는 측면이 더 많다고 하네요. 왜 그 입안에서 말이 뱅뱅 돌면서 나오지 않는 거 있잖아요. 이건 도서관에 책이 많아 빨리 못 찾는 거랑 비슷하대요. 택시를 타고 '전설의 고향' 가자고 해도, 택시 기사가 '예술의 전당으로 모시겠습니다' 하잖아요. 이게 바로 중년 뇌의 우수 사례랍니다."

내 말을 접한 사람들의 반응은 비슷했다. 뭔가 힘이 난다는 분도 계셨고, 안도했다는 분도 계셨고, 희망이 생겼다는 분도 계셨다. 그들은 왜 뇌 과학자도 아니고 의사도 아닌 내 말을 이렇게 덥석 믿어버리는 걸까? 뭔가 늙어 간다는 느낌에 우울했던 분들에게 좋아지는 것도 있다는 사실은 희망 이상의 것이다. 우리 외할머니는 흰머리를 제치고 검은 머리가 올라오는 것을 그렇게 좋아하실 수 없었다. 내 얘기가 검은 머리와 같은 희망의 신호가 되었던 것 같다.

중년은 모두 긍정적 신호에 목말라 있다. 나조차 그렇다. 남자라면 누구나 소변기 멀찍이서 소변을 보고 싶어 한다. 사방팔방 소변을 튀게 하지 말라는 아내의 핀잔을 듣고 싶은 것이다. 매일 졸졸 시냇물 소리를 들으며 소변을 보는 중년들은 '니들 다 죽었어!'라고 겁없이 외치던 어린 시절이 그립다. 이런 와중에 점점 더 좋아지는 게 있다는 소식은 복음에 가깝다. 우리 중년 남자에겐 희망이 더, 더, 더 필요하다. 이제부터라도 스스로의 가능성을 믿어 보자. 하늘은 스스로 믿는 중년을 돕는다.

강속구가 안되면
체인지 업도 있다

바버라 스트로치의 '가장 뛰어난 중년의 뇌'에서 내가 격하게 공감한 부분은, 우리가 중년에 대한 잘못된 가설을 진실로 믿고, 잘못된 가설에 우리를 맞추어 살았다는 말이었다. 내친 김에 책에서 인상 깊었던 내용을 좀 더 소개해보겠다.

중년 뇌에 대한 가장 유명한 연구는 미국 펜실베이니아주립대에서 진행된 윌리스 부부의 '시애틀 종단 연구'다. 이 연구는 여러 방면에서 기념비적이다. 1956년부터 40년간 지속되었으며, 20세와 90세 사이의 다양한 직업을 가진 6,000명 이상을 대상으로 했다. 언어, 계산, 공간, 지각, 추리 등 연구 영역 또한 방대하다. 그리고 무엇보다 그 결과가 충격적이다.

뇌의 능력 평가에서 40~60대의 성적이 가장 높았던 것이다. 실험 대상이었던 6개 범주 중 무려 4개(어휘, 언어 기억, 공간 정향, 귀납 추리)에서 젊은이들을 능가했다. 최고의 수행 능력을 보인 연구 대상의 평균 연령은 40~65세였다. 뇌가 최고 능력에 도달한 시기는 성별에 따라 달랐다. 남성은 50대 후반에 정점을 찍었고, 여성은 60대에 진입해서도 계속 상승했다. 남성은 공간 정향에서, 여성은 언어 기억과 어휘에서 높은 점수를 받았다. 더군다나 연구 참가자들이 중년에 얻은 성적은 그들이 20대에 얻은 점수보다 더 높았다.

관제사 실험으로 불리는 연구도 있다. 미국 일리노이대학교의 심리학자이자 신경과학자인 아트 크레이머는 항공관제사처럼 빠른 의사결정을 요하는 집단의 뇌를 연구했다. 예상대로 처리 속도는 젊은 층이 빨랐다. 컴퓨터 스크린을 보고 3차원을 상상하는 능력이나 모호한 정보 처리 능력은 비슷했다. 한편 관제사의 핵심 능력 중 하나인 다른 비행기와의 충돌 회피 실험은 중년 관제사가 젊은 관제사를 능가했다.

40~69세의 조종사 118명을 대상으로 3년간 진행된 연구에서도 같은 사실이 확인되었다. 단발 비행기를 조종하는 가상의 상황에서, 나이 든 조종사들은 새로운 것을 따라잡는 데엔 시간이 걸렸지만 핵심 능력이라 할 수 있는 다른 비행기와의 충돌 회피에 있어서는 상대적으로 우수한 능력을 보여주었다.

어떻게 이런 일이 가능할까? 뇌 과학자들은 중년에 이르러서야 모든 조각들이 하나로 합쳐지기 때문이라고 한다. 인생 경험이 축적되었기 때문이라고도 한다. 부분의 합은 총합 이상이 된다는 얘기다. 쉽게 말해 중년이 되면 하나를 들으면 열을 안다. 그냥 알게 된다는 뜻이다. 이제까지 우리가 들어 왔던 이야기와는 정반대다. 우리는 결함만 예민하게 자각하고, 자신의 뇌력이 어느 정도인지 알려고도 하지 않았다.

양에게 키워진 사자라고 하면 이해가 쉬울까? 심리학 이론 중에 인간의 부적응 행동을 설명하는 '스티그마 효과'라는 것이 있다. '스티그마'란 빨갛게 달군 인두를 가축의 몸에 찍어 소유권을 표시하는 낙인을 가리킨다. 처음 범죄를 저지른 사람에게 범죄자라는 낙인을 찍으면 결국 스스로 범죄자의 정체성을 갖고 재범을 할 가능성이 높아진다는 뜻이다. 중년들에겐 낙인이 찍혔다. "나이 드니 깜빡깜빡하지? 뇌가 늙어서 그래. 노화가 시작된 거라고." 이런 얘기를 수없이 듣다 보니 들은 대로 생각하고, 들은 대로 행동한다. 학습된 무기력 같은 것이다.

살짝 표현을 바꿔보면 중년은 지금 '세뇌된 우울증'을 앓고 있다. 거의 예외가 없을 것이다. 여기저기 중년에 대한 부정적 이미지가 넘쳐난다. 아프니까 중년이란 우스갯소리도 있는데, 이를 바꿔 보면

중년은 지금 '세뇌된 우울증'을 앓고 있다. 아프니까 중년이란 우스갯소리도 있는데, 이를 바꿔 보면 아픈 척해야 중년 행세를 할 수 있다는 말이 된다.

아픈 척해야 중년 행세를 할 수 있다는 말이 된다. 아프고 우울한 척 하다 보니 정말 아파지고 정말 우울해진 건 아닐까?

이왕 시작했으니 좀 더 희망적인 팩트를 찾아보자. 바버라 스트로 치는 '이름을 기억하지 못하는 것'이나 '뇌가 최고 속도를 내지 못하 는 것'은 중요하지 않을 수 있다고 밝힌다. 중년이 되면 뇌 손상이 일 어나는 것은 사실이지만, 우리가 두려워할 정도로 균일하거나 맹렬 하게 일어나지는 않는다. 나이를 먹으면 수백만 개의 뇌세포를 잃는 다는, 오랫동안 정설로 받아들여지던 견해조차 지금은 의문시되고 있다. 뇌 스캐너를 사용한 연구를 통해, 정상적인 노화 과정에서 뇌 세포가 다량으로 사라지지 않는다는 것도 확인되었다.

최근 신경과학자들은 뇌세포에서 '미엘린(myeline)'이라 불리는 신 경의 백색 지방질 피막에 주목하고 있다. 미엘린은 중년 말기에 이 르러서도 계속 자라는 모습이 관찰된다. 미엘린이 증가하면 주변 상 황을 이해하도록 해주는 연결망들이 구축된다는 것이다. 하버드의 한 과학자가 표현한 대로 백색질의 성장 그 자체가 '중년의 지혜'일 지도 모른다.

또한 중년이 되면 뇌의 한쪽이 아니라 양쪽을 사용한다는 사실도 확인되었다. 전문용어로 양측편제화(bilateralization)라 불리는 요령을 부리는 것이다. 강력한 전두피질에서 힘을 차출할 줄 아는 사람들은 '인지적 비축분(cognitive)'을 생성한다고도 한다. 이 비축분이 노화에 대항하는 완충장치 역할을 하는 것으로 보인다. 즉 신속하게 요점을 이해하고 상황을 판단한 후, 서두르지 않고 분별 있게 행동하는 것이 중년 뇌력의 실체다.

강속구 투수가 나이 들면 강속구를 버리고 변화구나 체인지 업을 연마해 선수 생활을 지속하는 경우가 많다. 중년의 뇌도 이와 비슷하다. 나이가 들어도 뇌가 성장한다는 것은 이미 정설로 받아들여지고 있다.

그런데 이 희망적인 팩트가 나에겐 고민거리가 되었다. 이런 뇌를 썩히면서 인생 후반전을 자연인으로 사는 데 만족해야 할까? 5,000cc 자동차를 마트에 물건 사러 갈 때만 쓰는 꼴이 아닐까? 은퇴하면 취미생활이나 소일거리를 만들어 유유자적 사는 게 남자들의 로망이었다. 그런데 이렇게 뇌력이 좋아진다고 하는데 여행, 카페, 전원주택, 귀농, 봉사가 중년의 로망 전부라고 하기엔 뭔가 아쉬운 느낌이다.

중년! 뭔가 더 할 수 있는 것이 있을 것 같다.

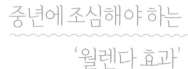

칼 월렌다(Karl Wallenda)는 고공 외줄 묘기의 일인자였다.

고층 건물 사이를 외줄 하나 놓고 건너가는 것으로 유명했다. 그의 손자인 닉 월렌다는 그랜드 캐니언 인근 리틀 콜로라도강 협곡 450m 상공에서 길이 400m의 외줄을 타고 계곡 횡단에 성공하기까지 했다. 칼 월렌다의 사전에 실패란 없었다. 1978년 73세의 칼 월렌다는 은퇴 전 작별 공연을 계획했다.

그의 마지막 공연 장소는 푸에르토리코의 해변 도시 산후안으로 결정되었다. 그런데 그동안 어떤 실수도 한 적이 없었던 월렌다가 이 은퇴 공연에서 실패한다. 그는 와이어 중간 지점까지 가서 난이도가 높지 않은 동작 두 가지를 보여주고, 수십 미터 높이의 와이어에서 떨어져 사망했다.

비극적인 사건 이후, 그의 아내가 말했다. "저는 이번 공연에서 무슨 일이 일어날 줄 알았어요. 남편은 이번 공연이 진짜로 중요하다고, 절대 실패해서는 안 된다고 했어요. 이전의 어떤 공연에서도 그런 건 신경 쓰지 않았어요. 그저 줄을 잘 타는 것만 생각했죠. 너무나 성공하고 싶어서 일에 집중할 수 없었던 거예요. 만약 그가 실패를 생각하지 않았더라면 이런 일은 일어나지 않았을 거예요."

그 후 심리학자들은 끝없이 근심 걱정을 하며 심리적 압박을 받는 것을 '월렌다 효과'라고 명명했다. 내가 이 이야기를 하는 이유를 짐작할 것이다. 녹색 창에 '중년'을 검색하면 우선 영양제가 나오고 이어서 질병이 나온다. 다음으로 일자리, 노후 등의 순서로 검색된다. 악기를 배워서 봉사활동을 하거나, 자격증을 따서 보일러 기사가 되거나, 귀농·귀촌으로 전원생활을 한다는 것 정도가 그나마 긍정적 정보다. 세상이 온통 중년에 부정적이라면 그 그물에서 빠져나오기는 매우 힘들다.

중년이 아프다고 믿어야 제약사나 의료계의 수익이 창출될 테고, 노후가 불안하다고 믿어야 금융업계가 수익을 낸다. 자식들을 못 믿겠다고 해야 보험업계와 요양업계가 먹고산다. 중년에 대한 부정적 시각이 100% 틀린 것은 아니지만 과대 포장되어 지나친 공포를 조장하는 측면도 부인할 수 없다. 게다가 자연스러운 신체의 변화는 사회의 부정적 메시지와 시너지를 일으켜 스스로를 한물간 존재로

규정한다.

부정적 생각이 들 때는 일단 재빨리 알아차리고 생각을 멈추는 것이 좋다. 부정적인 생각은 부정적인 사건을 불러들이기 때문이다. 골프에 비유해보자. 그냥 치면 무난하게 잘 나간다. 그런데 물이 보이면 이상하게 물에 빠진다. 벙커에 빠지지 말아야 한다고 생각하면 벙커에 빠질 가능성이 높다. 월렌다처럼 쓸데없는 걱정으로 인생을 망칠 필요는 없다. 우리 중년은 온갖 부정적인 주변 환경을 딛고 혼자 힘으로 헤쳐 나가야 한다. 어쩌랴, 인생은 각자도생이다.

1991년 가을, 일본 아이모리현에 태풍이 몰려왔다. 이 지역 사람들은 대부분 사과 농사를 짓는데, 수확을 얼마 남기지 않고 불어온 태풍에 사과의 90퍼센트가 떨어졌다. 사람들을 낙담했다. 그런데 남아 있는 10퍼센트의 사과를 보며 다르게 생각한 사람이 있었다. 태풍에 살아남은 사과에 '합격 사과'라는 이름을 붙인 것이다. '태풍에도 떨어지지 않은 사과, 여러분의 합격을 보장합니다!'라는 문구와 함께 '합격 사과'는 10배나 비싼 가격에 날개 돋친 듯 팔렸다.

그래서 외쳐 본다. 쫄지 마, 중년! 가끔은 호기를 부려도 좋다. 너무 정신 차리고만 사는 것은 건강에 안 좋다.

중년이 힘들다고는 하지만, 솔직히 태풍에 사과의 90%가 떨어진 정도는 아니다. 그리고 아직 벌어지지도 않은 일이다. 한 가지 확실한 것은 걱정을 많이 해서 좋을 건 하나도 없다는 사실이다. 느긋한 마음으로 중년 희망 찾기를 시작해

보자. 중년의 뇌는 갈수록 성능이 좋아진다고 하니, 합격 사과처럼 새로운 비즈니스의 기회를 찾을 수도 있다. 힘든 시기를 잘 견뎌내는 노하우도 있고 인맥도 있다. 굽힐 줄도 알고 회복 탄력성도 높다. 아직도 자신의 숨은 재능이 무엇인지 모르는 중년들이 많다. 반만 가공된 다이아몬드라고나 할까. 아니, 자신이 다이아몬드인지도 모르는 중년이 많다.

같은 상황을 다르게 바라보면 전혀 다른 결과가 나온다. 그래서 외쳐 본다. 쫄지 마, 중년! 가끔은 호기를 부려도 좋다. 너무 정신 차리고만 사는 것은 건강에 안 좋다. 인간은 빵만으로 살 수 없고, 중년은 걱정으로만 살 수 없다. 가끔은 '에라 모르겠다'를 외치고 잠시 쉬는 것도 좋다는 생각이다. 중년이니까!

코로나19로 다들 힘들다고 한다.

자영업자, 소상공인들에 비할 바는 아니지만 수입의 대부분을 강연료에 의지하는 나에게도 코로나 시기는 힘들다. 이제 막 백신을 접종하고 있으니 올해가 지나면 나아질 것이란 희망이 있기에 그래도 견딜 만하다. 넘어진 김에 쉬어 간다고, 나는 올해를 '세상 구경의 해'로 정했다. 특히 서울 구경을 중점적으로 하기로 마음먹은 것이다. 이 책을 끝내는 대로 서울을 구석구석 다녀 보기로 했다. 사진도 찍고 글도 쓰고 맛있는 것도 먹어보고, 이 기회가 아니면 언제 이런 일을 해보겠냐는 생각이다. 이런 긍정적 발상도 백신과 집단 면역이 주는 희망 때문에 가능하리라.

최근에 빅터 프랭클 박사의 '죽음의 수용소에서(청아출판사, 2000년)'
란 책을 다시 꺼내 읽었다. 2차 대전 당시 나치에 의해 자행된 홀로
코스트로 희생된 유대인은 600만 명에 이른다. 악명 높은 아우슈비
츠 수용소에서만 무려 400만 명이 학살되었다고 한다. 그곳에 수용
되었던 정신과 의사 빅터 프랭클이 자신의 경험을 상세히 기록한 것
이 바로 '죽음의 수용소에서'다. 빅터의 가족 대부분이 수용소에서
사망하였고 생존자는 여동생뿐이었다고 한다. 그는 수용소에서 정신
과 의사뿐 아니라 일반 의사의 역할을 했는데, 책에서 읽은 인상 깊
은 대목을 소개한다.

"3월 30일에는 전쟁이 끝날 거야."
1944년 아침, 독일 아우슈비츠 수용소에 갇혀 있던 F가 다른 수감
자들에게 말했다.
"누가 그래?"
"꿈속에서 하나님의 예언을 들었어."

사람들은 믿지 않았지만 F는 기나긴 전쟁이 곧 끝날 것이라는 기
대를 버리지 않았다. 사실 뉴스에서 들리는 전황은 그와 달리 좋지
않았다. 시간이 흘러 3월 말이 가까워 왔다. 3월 29일이 되자 F는 갑
자기 시름시름 앓기 시작하더니 30일에는 의식을 잃었고, 31일 사망
했다. 사인은 발진 티푸스였다. 그를 죽인 것은 병이지만, 사실은 희

망을 잃어버린 그가 삶의 끈을 놓아버렸기 때문일 거라 생각한다. 희망은 그렇게 생과 사를 가를 만큼 중요하다.

실제로 아우슈비츠 수용소에서는 1944년 성탄절부터 1945년 새해까지 일주일 간의 사망률이 일찍이 볼 수 없었던 증가세를 보였다. 이는 노동 조건이나 식량 사정의 악화, 기후의 변화, 새로운 전염병 때문이 아니다. 많은 수감자들이 성탄절에는 집으로 갈 수 있을 것이라는 막연한 희망을 품고 있다가 아무 일 없이 크리스마스가 지나가자 많은 것을 견디게 해준 희망이 사라져버린 것에 절망했기 때문이다. 절망은 신체의 면역력까지 일시에 무너뜨렸을 것이다.

중년에게 희망이 필요한 것은 사실이지만 희망을 찾아내는 것은 본인의 몫이다. 의외로 어처구니없는 곳에 희망의 씨앗이 숨어 있을지도 모른다.

희망이 사라진다는 것은 이렇게 무서운 일이다. 죽음의 수용소에서 희망을 이루기 위해 할 수 있는 방법은 아무것도 없을 것이라 생각할 수 있다. 하지만 빅터 프랭클 박사는 달랐다. 하루에 한 컵 배급되는 식수를 절반만 먹고 절반은 세수와 면도하는 것에 사용했다. 면도칼이 없어서 유리 조각으로 면도를 했다고 한다. 죽음의 수용소에서 그깟 면도가 뭐 그리 중요하냐고? 이렇게 자신을 포기하지 않았기에, 건강해 보인다는 이유로 가스실에 가는 것을 면할 수 있었던 것이다. 먹을 물도 없는 수용소에서 그 물을 아껴 면도를 한 사람은 미친 사람이다. 그렇지 않은가?

환갑이 되어서 모발 이식을 한 놈도 살짝 미친놈일 수 있다.

감히 비교의 대상이 되지는 않지만, 빅터 프랭클 박사와 나의 공통점을 억지로 찾아보자면 뭔가 상식에 어긋난 시도를 했다는 것이다. 그리고 그 시도의 밑바탕엔 자신의 미래에 대한 희망이 있었다고 과대 포장해 본다. 대머리인 나에게 "남의 시선 신경 쓰지 말고 대머리인 채로 즐겁게 살라"고 하는 것은 희망을 주는 것일까, 희망을 뺏는 것일까? 애매하다.

노안인 나에게 "얼굴만 동안이면 뭐해? 속이 썩은 사람보다 늘 활기차게 사는 니가 백 번 잘 사는 거야"란 말이 희망을 줄 수 있을까? 동기 부여 전문가인 데일 카네기가 했던 말이 생각난다. "나는 신발이 없음을 한탄했는데, 거리에서 발이 없는 사람을 만났다." 말도 안 되는 예일지 모르겠다. 노안과 대머리인 내가 희망을 본 것은 따뜻한 위로와 응원이 아니었다. 나보다 더 대머리이거나 더 노안인 친구도 아니었다. 나에게 희망을 준 것은 모발 이식과 미용 시술로 놀라울 정도로 달라진 친구의 모습이었다.

중년에게 희망이 필요한 것은 사실이지만 희망을 찾아내는 것은 본인의 몫이다. 그렇다면 우리 중년들은 어떻게 희망을 찾을 수 있을까? 내가 모발 이식에서 희망을 찾았듯, 의외로 어처구니없는 곳에 희망의 씨앗이 숨어 있을지도 모른다.

실제로 그런 사례들은 많다. 모든 것을 다 포기하고 자살하려는 순간, 휴대폰이 울렸다고 한다. "밀린 세금을 내지 않으면 재산 압류를 하겠다"는 공무원의 독촉 전화였다. 그 공무원과 다투다가 죽겠다는 생각을 바꾼 사람도 있다. 강물에 뛰어들려고 하는데 지나가던 사람이 "겨울이라 물이 차가울 텐데"라고 말하자 생각을 바꿨다는 일화도 있다. 중년의 미래를 바꿔 줄 희망의 씨앗이 언제 내 가슴에서 싹틀지 아무도 모른다.

뱃살 빼기, 운동으로 근육 만들기, 관심 분야 자격증 따기, 100대 명산 완등하기, 제주도 올레길과 지리산 둘레길 완주하기, 미용 시술로 외모 변신하기, 인문학 수업 듣기와 같이 생각에 따라서는 소박해 보이는 활동 속에 숨어 있을 수도 있다. 이것이 내 인생을 주도적으로 살아가는 출발점이다. 어쩌면 이런 것을 시도해보는 것 자체가 다르게 살아가는 것이라는 생각이 든다.

결코 남이 대신해 줄 수 없는 것, 남은 인생에 희망의 씨앗을 심는 일이다.

우리 이젠 발기 찬
희망을 만들어 가요

나이가 들면 줄어드는 것이 많다.

사라지는 것의 대표적인 것이 모발과 근육이다. 모발이 사라지는 것은 그야말로 외모의 문제이지만, 근육은 생존을 위협하는 심각한 상황이다. 50세 이상의 성인은 1년마다 1~2%의 근육이 감소하여 80대에 이르면 총 근육량의 40~60%를 잃는다고 한다(서울대학교 의과대학 국민건강지식센터).

근육이 줄어들면 신체의 운동 능력이 급격하게 줄어들고, 이에 따라 척추나 관절과 관련된 질병이나 부상의 위험, 당뇨병 등 성인병의 위험에도 쉽게 노출된다. 사람들은 모발 줄어드는 것은 신경도 쓰고 돈도 투자하면서, 근육이 줄어드는 것은 별로 신경 쓰지 않는다. 눈에 보이지 않아서 그럴 테지만, 나이 들수록 근육 부자가 되어야 한다는 것은 진리다.

19금 이야기이지만 발기에 관련된 것들도 줄어든다. 일반적으로 횟수도 줄고, 지속 시간도 줄고, 강도도 줄어든다. 발기 횟수가 줄어드는 것은 그래도 참을 수 있는데, 어느 날 생각해 보니 아예 사라져 버린 것 같다. 문득 학창 시절 배웠던 '용불용설'이 생각났다. 인생 후반전을 어떻게 살까 고민하는 자리에서 남사스럽게 발기라니, 하겠지만 이상하게 생각하지는 말자. 나이나 직업에 관계없이, 경제력에 관계없이 세상의 모든 수컷들에겐 중요한 문제니까. 이 책을 볼 사람은 남자일 테니, 굳이 왜 남자에게 발기가 중요한지 설명하는 수고는 하고 싶지 않다.

남자는 발기로 말한다. 어릴 적에는 누구의 소변이 더 멀리, 더 높이 가는지 경쟁하면서 자란다. 베이비 부머들은 초등학교 시절의 화장실을 기억할 것이다. 칸막이도 없고 그냥 벽에다 볼일을 보는 시스템이다. 앞에는 벽이 있고 그 벽에는 지난 세월 어떤 놈이 제일 높이 쏴 올렸는지에 대한 기록이 선명히 남아 있다. 그야말로 전국 소변 체전이었다.

성인이 되어서는 누가 더 오래 버티는 놈인지를 경쟁한다. 그런데 이 부문은 눈으로 확인할 방법이 없다. 이런 경우는 대개 뻥이 쎈 놈이 이긴다. 그런데 이런 뻥에 기죽는 남자들이 대부분이다. 목욕탕을 가도 당당하게 들어가는 놈이 있고 기죽는 놈이 있다. 군대 가는 것도 아닌데 사이즈를 재 본다. 직장 생활 중에 혹시 크다고 소문이라도 나면 그 순간부터 경외의 대상이다.

그렇게 세월이 지나면 이번에는 발기가 되는지 안 되는지로 시끄럽다. 나이 들면 대부분 안 된다는 부류, 잊고 산다는 부류가 늘어난다. 남자들은 왜 나이 들어서까지 발기에 집착하는 걸까? 아침에 발기를 하는 것과 하지 않은 것의 차이를 우리는 알고 있다. 쓸데없이 발기해서 뭐하냐는 분도 계신다. 쓸 데는 없어도 일단은 정상 작동하는 것이 좋은 거 아닌가? 쓸 일이 있든 없든 작동이 되는 것과 안 되는 것은 클라스가 다르다. 나이가 들면 남자의 발기는 섹스만을 위한 것이 아니라는 생각이다.

친구들과 통화하다 아침에 텐트를 치지 않은 지 꽤 되었다는 얘기를 들었다. 발기가 안 되면서 별로 하고 싶은 것도 없다는 말도 했다. 어쩌다 발기가 되면 기분이 좋고 아직 살아 있다는 느낌이 든다고 한다. 이런 말을 주고받다 보니 어쩌면 '발기'와 '의욕'은 동의어가 아닐까란 생각이 든다. 평생 그걸 모르고 살다가, 그것이 사라진 순간에 진실을 알게 된 기분이었다.

인생에서 의욕을 빼면 무슨 재미가 있겠는가? 의욕을 발기로 바꾸면, 왜 그리 남자들이 발기에 집착하는지 이해가 될 것이다. 발기하는 남자는 뭐가 달라도 다르다. 남자들은 안다. 그 묵직함에서 오는 살아 있음의 감각을. 너무나도 안타까운 것은 불행히도 잃어버린 후에야 그것을 안다는 사실이다. 바쁘게 살다 보니, 어느 날 발기 없는 세월을 살고 있음을 깨닫게 된다. 그것을 깨닫는 순간 갑자기 기운이 더 떨어진다. 의욕이 떨어지니 새로운 시도를 하기 어렵고, 세상은 아무것도 변하지 않는다. 악순환의 시작이다.

중년이 되면 발기 관리를 하여야 할 듯하다. 물론 비상시에 도움이 되는 약이 있기는 하지만, 여기서 언급하려는 것은 그게 아니다.

발기 찬 하루를 유지하는 것은 자동차를 잘 정비하고 관리하는 것과 같다. 남자는 세가지 기로 산다. 용기, 사기, 발기.

매일 아침 몸이 내게 주는 건강 신호를 말하는 것이다. 빈자리는 표가 확 난다. 있다가 없으면 그게 참 거시기하다. 나에게는 언제 그분이 오시는가? 잘 안 오신다. 그러나 어느 날 그분이 다녀가면, 그 전날 어떤 일이 있었는지 곰곰이 되새겨본다. 나에게는 우연하게 선물받은 환약인 듯하다. 다시 구입해 먹어보니 효과는 있다. 물론 출장과 강의가 많을 때 몸을 보하려고 먹지만 은근히 부수적 효과를 즐긴다. 한동안 먹지 않다가 다시 먹어본다. 역시 의욕이 솟는다. 내게는 그 환약이 활력제이자 의욕 충전제다.

물론 꾸준히 운동도 한다. 독자 분들도 자신만의 활력 루틴을 만들어 보기 바란다. 발기 찬 하루를 유지하는 것은 자동차를 잘 정비하고 관리하는 것과 같다. 남자는 세가지 기로 산다.

용기, 사기, 발기.

꿈꾸는 것이
죄는 아니잖아?

노트에 중년에 꼭 이룰 꿈의 리스트를 적어본다.

1. 70살까지 아내와 세계여행 하기
2. 제주도 올레길 걷기
3. 산티아고 순례길 걷기
4. 히말라야 트레킹으로 베이스캠프 가기
5. 지중해와 알래스카 크루즈 여행
6. 혼자만의 아지트 만들기
7. 베스트셀러 출간하기
8. 70살까지 일하기

뭐 이 정도가 아닐까? 마음속에서 '좀 더 솔직해지라'는 목소리가 들린다. 술에 취했다고 생각하고 취중진담을 늘어놓자면, 위의 리스트가 바뀌는 것은 아니고 맨 아래에 하나를 추가하고 싶다. 바로 '바람둥이가 되고 싶다'는 꿈이다. 이상한 놈이라고 욕해도 좋다. 내 속마음이 그런 걸 어떡하나.

난 춤 바람이 나 보고 싶고, 여행 바람이 나 보고 싶다. 아름다운 남국의 해변에서 멋진 유럽 여인과 맥주를 마시며 대화를 나누고 싶다. 옷발(?)이 잘 받쳐줘서, 사람들이 한 번은 쳐다봐 주는 그런 멋진 중년 남자, 나는 그런 겉멋 바람이 들고 싶다.

좀 소박한가? 인류를 구하거나 이웃에 봉사하거나, 그런 꿈은 내게 없다. 세계와 이웃을 구하는 것도 중요하지만, 난 나를 구하는 것이 먼저다. 내가 즐거워야 남도 도울 수 있다. 나는 스스로를 희생하면서 봉사의 기쁨을 누릴 체질과 그릇이 못 된다. 그냥 단순하게 즐겁게 사는 것이 중년의 꿈이다.

내가 왜, 10년 전이라면 스스로 남사스러워했을 이런 꿈을 공개적으로 말하게 되었을까? 20년 이상

생각은 자유인데, 그것마저 못 하게 한다면 너무 잔인하다. 내가 뒤늦게 인기 중년남이 되어보겠다는 꿈을 꾸는 것이 죄는 아니지 않나.

나를 괴롭히던 엄청난 똥배는 우연히 시작한 운동으로 상당 부분 해소되었다. 3년간의 꾸준한 운동으로 슬림해진 나의 몸뚱이와 사람들

이 조금은 알아본다는 소위 연예인 병이 시작일 것이다. 단세포적으로 표현하자면 외모가 변하고 사람들이 보는 눈이 바뀌니 꿈도 달라졌다.

노후만큼은 행복하고 즐겁게 살고 싶다는 바람은 지난 세월이 부족하고 불만족스러웠다는 반증이다. 인생 후반전은 다르게 살겠다는 희망이 없었다면 나는 지금까지 버티지 못했을 것 같다. 그래서 인생 후반전은 일종의 보복 소비와 같은 심리로 살아보고 싶은 것이다. 막 여행 가고, 막 놀고, 막 하고 싶은 거 해보고, 막 그렇게 코피 터지게 발악하면서 살고 싶다. 그러다 문득 '지금 행복하지 않은데 노년이 되어서 행복할 수 있을까'란 데 생각이 미쳤다. 그랬다. '먼 훗날 언젠가'가 아니라 바로 지금 행복해져야 한다.

학창 시절 내가 부러워했던 친구들을 생각해본다. 공부 잘하는 친구, 싸움 잘하는 친구도 부러웠지만 그중 으뜸은 선수들(?)이었다. 일명 날라리. 여자친구들이 많은 날라리는 나에게 늘 선망의 대상이었다. 수첩에는 여학생들의 전화번호가 가득했고, 그들이 들려주는 무용담인지 연애담인지는 아라비안 나이트는 저리 가라 할 정도로 경이로웠다. 지금도 그때 들은 무용담이 기억나는 걸 보면 그 시절 동경심이 사라지지 않았나 보다. 인생 전반전은 가장으로 성실히 살았으니, 후반전은 약간 놀아도 되지 않을까란 자기 합리화를 해본다.

물론 이런 꿈을 꾸고, 나름 몸을 만들고, 옷을 좀 잘 입는다고 해서 내가 바람둥이가 될 가능성이 거의 없다는 것쯤은 나도 안다. 그

114

냥 생각이 그렇다는 것이다. 생각은 자유인데, 그것마저 못 하게 한다면 너무 잔인하다. 내가 뒤늦게 인기 중년남이 되어보겠다는 꿈을 꾸는 것이 죄는 아니지 않나. 독자들이 욕하지 않을까, 걱정이 안 되는 바도 아니다. 나름 가족 소통 전문가라는 사람이 바람둥이가 되고 싶다니 말이다. 하지만 불행인지 다행인지 크게 걱정할 일은 일어나지 않을 것이다. 나에게 관심 있는 사람은 거의 없으니까. 그 답례로 나 역시 남에게 별로 신경 쓰지 않으려고 노력한다.

여러분의 꿈은 무엇인가? 부디 '이 나이에 웬 꿈 타령이냐'는 반응은 하지 말자. 자신의 솔직한 꿈이 무엇인지 생각해보고, 이를 입밖에 꺼내서 말해보는 것은 중요하고도 가치 있는 일이다. 중년에도 꿈은 있다. 아니 중년일수록 꿈이 있어야 한다.

그래야 버틴다.

'바람났냐'는 말은
최고의 칭찬

중년 남자들은 무난한 것을 좋아한다. 은유적 의미로, 그리고 실제적 의미로도 회색 인간이다. 튀는 것을 질색하고 기본 무채색에 군청색, 기껏해야 블루 톤의 옷을 즐겨입는다. 나이 들어 자신을 가꾸는 일에 있어 방해 요인은 여럿 있지만, 일단 아내들의 핀잔이 성가실 것이다. 조금만 멋을 내려고 하면 "바람났어? 누구한테 잘 보이려고?"라는 농담 아닌 농담이 날아온다.

그런데 말이다. 사실 나이가 들수록 바람났냐는 의심을 수시로 받는 것이 필요하다. 구질구질하고 냄새나는 중년 남자에겐 그런 소리를 하지 않는다. 뭔가 빼지르르하고, 뭔가 꾸민 듯하고, 아무튼 안하던 짓을 할 때 듣는 소리가 아닌가. 바람피우는 것 같다는 의심은 자기 계발을 하고 있다는 전제를 깔고 있으니 오히려 좋은 의심일 수 있다.

아내들은 중년 남자들에게 좀 깨끗이 하고 살라고 면박을 주면서, 좀 깨끗이 하려고 시도하면 바람피우냐면서 초를 친다. 참 이상한 심리 상태다. 거지같이 살라는 것인지, 깨끗하게 살라는 것인지, 아니면 무기력하게 어떤 말을 들어도 반응하지 말고 살라는 것인지, 정말 혼란스러울 때가 많다.

저물어 가는 나이에 '굳이 자신을 치장할 필요가 있을까'라고 생각하는 중년들이 많고, 더욱이 의욕도 사라져 가는 시기다. 속된 말로 '여자를 꼬실 일도 없고, 인싸가 될 것도 아닌데'라는 항변이다. 내 생각은 조금 다르다. 은퇴했다면 더 자신을 꾸며야 한다. 그래야 은퇴 생활이란 정원이 아름답고 풍족해진다. 사람이 살지 않는 집은 천장부터 무너지고, 가꾸지 않는 정원은 잡초가 우거진다. 사람 역시 스스로 가꾸지 않으면 자신도 모르는

> 은퇴했다면 더 자신을 꾸며야 한다. 그래야 은퇴 생활이란 정원이 아름답고 풍족해진다.

사이에 무너져 내린다. 거울을 볼 때마다 부질없다는 생각이 든다면 정말 위험하다. 그냥 맥없이 무너져 내리기엔 살아온 세월이 너무 아깝지 않은가?

중요한 것은 외모가 무너지면 마음도 무너진다는 것이다. 외모가 중요하지 않다는 레토릭은 세상에 차고 넘치지만, 살아 보니 외모는

정말 중요하다. 예를 들어볼까? 당장 아내의 친구들은 남편들의 외모로 모든 것을 판단한다. 내 아내와 친구들뿐일까? 사람들은 일단 외모로 사람을 평가하는 경향이 있다. 그러니 속을 알기 전에 외모부터 얕잡아 보일 필요는 없지 않겠는가? 그저 '깨진 유리창의 법칙'이 나의 중년 생활에 적용되지 않기를 바라는 마음이다.

그러면 어떻게 해야 바람났냐는 좋은 의심을 자주 받을까? 일단 '외모'란 것에 신경을 쓰고, 거울을 자주 보고, 옷도 신경 써서 입으면 된다. 하다못해 세수도 자주 하고, 피부관리도 좀 해야 한다. 외모에 돈을 조금만 쓰자. 돈을 조금만 쓰면 효과를 볼 수 있고, 효과가 나타나면 계속하고 싶어지는 선순환이 시작된다. 젊어서는 타고난 것이 지배하지만, 나이 들면 타고난 것보다 돈을 좀 쓰는 것이 효과적이다. 앞에서 말했듯이 내가 해봐서 안다.

시커먼 얼굴에 점까지 많아서 더 지저분해 보였는데, 100여 개의 점을 빼고 나니 얼굴이 환해진 느낌이다. 약간의 자신감이 생기니 조금이라도 방심하면 피부 상할까 싶어 팩도 하고, 선크림도 꼼꼼히 바른다.

사소한 변화가 삶을 바꿀 수 있다는 것을 몸소 체험하는 중이다.

나이가 들면 과거를 객관적으로 돌아볼 여유와 능력이 생기는 것
같다. 살아온 모습을 돌아보면 웃긴 것들도 있고 황당한 것들도 있
다. 때론 미치지 않고서야 하지 못했을 일도 제법 있다. 그중 하나가
지극히 평범한 자신의 능력을 과대평가했다는 것이다. 나 역시 자아
도취에 도끼병까지 앓았나 생각될 정도로 잘난 척 대마왕으로 살았
다. 세상의 중심은 늘 나였다. 남들 눈에 재수없는 놈이었을 가능성
이 크다.

　학창 시절 성적도 중간, 장교 생활 군번도 중간, 직장 생활도 중간
수준이었다. 그런데 난 스스로를 리더라고 생각했다. 혹시 다른 사
람이 리더 자리를 차지하면 난 여지없이 불만 세력이 되었다. 지독

한 나르시시스트였던 거다. 남을 인정하지 못했고 질투심이 많았다. 지금 생각하면 많이 창피하다. 나이가 드니 인정할 것은 인정할 여유가 생겨서 좋다.

내 직업에서도 그랬다. 나는 늘 강의를 잘한다고 생각했다. 내 강의를 한 번만 들으면 나를 계속 부를 수밖에 없을 것이라 믿었다. 내가 TV에 출연하기만 하면 그야말로 '고생 끝, 행복 시작'이라는 착각 속에 살았다. 그러나 그런 일은 생기지 않았다. 물론 어느 정도 성과를 보기는 했다. 그러니까 30년을 프리랜서 강사로 버텼을 것이다. 그러나 딱 그 정도다. 이제는 받아들여야 한다. 아니, 받아들여야 스트레스 없이 살 수 있다.

이제 겸손하게 살아야겠다고 자주 다짐하지만 쉽지는 않다. 아직도 쉽게 오버하고 상상이 지나쳐 소설을 쓰는 경향이 있다. 지금도 이 책이 내 인생을 업그레이드해 줄 것이라고 상상한다. 출판사 쪽에서 이 책은 그리 잘 팔리지 않을 거라고 말했는데도 말이다. 게다가 지금은 코로나 시대다. 출판사 대표님의 말인즉슨, 코로나 시대에는 꼭 필요

> 나는 신이 주신 선물인 '착각'을 멈출 생각이 없다. 지금까지 잘 살아왔고, 착각하는 순간처럼 즐거웠던 순간도 없기 때문이다.

한 책만 팔리니 안 팔리더라도 실망하지 말라는 것이다. 이렇게 예방주사까지 맞았는데도 나는 기대감을 버리지 못한다. 이건 고질병이고 불치병이다. (이 와중에 순전히 의리 때문에 출간을 결정해 준 출판사 대

표님께 진심으로 감사드린다. 나도 그 정도 눈치는 있다.)

그런데 '나이 들어 즐겁게 사는 법 혹은 다르게 사는 법'이란 주제로 책을 쓰면서 새롭게 떠오른 생각이 있다. 지금 내가 즐거운 중년을 시작한 것이 이 자아 도취란 병 때문이 아닐까? 지금까지 험난한 프리랜서 세계에서 잘 버텨온 것 역시 그 병 덕분이란 생각이 들었다. 왜냐고? 잘할 거라고 착각했으니까 끝없이 도전했다. 못 한다고 생각했으면 움츠러들거나 조금 쉬운 도전을 선택했을 것이다. 책을 쓰는 것도 그렇다. 잘할 거라고 생각했지만 막상 써보니 많이 어렵다. 그런데 고치면 고칠수록 원고가 변해 간다. 그래서 나는 원고를 보고 또 본다.

한때는 착각병을 고치고 싶었지만 지금은 아니다. 이 증세가 사라지면 내 즐거운 인생도 사라질 것 같아서다. 착각을 못 하는 순간, 내 인생도 거기서 멈출 것 같다. 과거를 돌아볼수록 어찌 그리 무모한 짓을 했는지 모르겠다. 공통점은 한 가지, 잘될 거라고 착각했기 때문이다. 결국 나의 도전 에너지는 '착각'이었다는 결론에 도달했다.

착각, 이 단어가 꼭 부정적인 것만은 아니다. 나이 들어서까지 현실을 정확히 파악하면 변화를 시도하기 어려워진다. 주제 파악을 너무 정확하게 하면 자신을 비하하는 결과를 초래할 수도 있다. 축구에서 강팀과 붙을 때, 해설자들이 꼭 하는 얘기가 "공은 둥글다"는 것이다. 끝날 때까지 끝난 것이 아니라는 의미다.

우리는 가끔 기적을 목도한다. 예를 들면, 2018 월드컵에서 독일을 상대로 거둔 승리다. 객관적 전력과 데이터로는 불가능한 일이다. 경기 외적인 요소들과 정신적인 측면, 이길 수 있다는 헛된 생각(?)들의 절묘한 시너지 효과가 이룬 결과가 아닌가 싶다. 그래서 축구는 재미있다. 변수도 많고 의외의 결과도 많기 때문이다. 인생도 마찬가지 아닐까?

착각은 가끔 무서운 힘을 발휘한다. 나는 신이 주신 선물인 '착각'을 멈출 생각이 없다. 지금까지 잘 살아왔고, 착각하는 순간처럼 즐거웠던 순간도 없기 때문이다.

중년 남자는 착각을 잘해야 한다. 그래야 인생 후반전이 행복하다.

무식한 중년에게
기회는 없다

　중년이 기회라는 말이 있다. '나이는 숫자에 불과하다'처럼 광고 카피에 불과하다고 생각했다. 그런데 긍정적으로 생각해보니 인생을 바꾸어볼 마지막 기회인 것은 맞다. 마무리를 잘할 수 있는 기회이기도 하다. 나이 들었다고, 은퇴했다고 무조건 낙담하고 포기할 필요는 없지 않을까? 그런다고 더 편해지는 것도 아니다. 아이들도 대충 품을 떠났으니 돈 들어갈 일도 거의 끝났고, 정년퇴직을 했으니 시간도 많다. 그리고 세상을 살아가는 데 필요한 생존의 원칙에도 익숙해져 수그릴 줄 아는 노련함도 장착했다. 그러니 인생을 즐기기에 이보다 더 좋은 기회는 없다. 먹고살 돈도 조금 있다. 당장 일하지 않는다고 굶지는 않는다. (물론 아닌 분도 있을 테지만, 그런 분은 이 책을 읽지 않을 것이라 믿는다.)

게다가 회복 탄력성도 상위 레벨이다. 아이들이 부모 눈 속여가며 밤 새워 게임해서 상위 레벨이 된 것처럼, 중년은 산전수전 공중전의 성공과 실패의 경험으로 무장한 인생 상위 레벨이다. 즉 인생 고수란 말이다. 게다가 중년이 되면 뇌의 기능도 더 좋아진다고 한다. 브레인과 실전 경험이 가장 풍부한 상태다. 아니 현장 경험과 관리 능력 모두 뛰어난 유능한 존재다. 문제는 스스로가 얼마나 고수인지 모른다는 거다. 세뇌된 무기력에 사로잡혀 자신의 장점은 보지 않고 아까운 시간만 낭비하고 있다.

관성이란 퀘스트를 깨야 기회란 아이템이 나온다. 그리고 이 기회를 어떻게 활용할 것인가는 각자의 몫이다.

나는 시간도 등급이 있다고 생각한다. 70살 이전의 시간은 훨씬 더 가치가 높다. 아무래도 비교적 건강할 때이고, 마음대로 걸어 다닐 수 있을 때다. 뭘 해도 이때 해야 한다. 그 이후의 시간은 또 다른 용도로 써야 한다. 그러니까 중년에게 시간이 많다는 것은 러시아와 중국의 땅이 넓다는 것과 비슷하다. 땅은 넓은데 사람이 살 수 있는 땅은 넓지 않다. 그러니 시간이 남아돈다는 말은 함부로 하지 말자.

인류의 긴 역사에서 중년의 자리는 별로 없었다. 유년기-청년기-노년기의 사이클로 수천 년을 지내왔다. 중년에 대해 고민할 필요가 없었다. 그러나 과학의 발달로 수명이 비약적으로 늘었다. 인류는

'중년의 삶'이란 새로운 생애 단계를 맞이했다. 그러다 보니 중년 비하와 중년의 재발견이란 견해가 충돌하고 있는 형국이다. 연구가 진행될수록 무게추는 후자로 기울고 있다. 중년의 뇌는 계속 개발되고 성장한다는 결과가 나오고 있는 것이다. 직관력과 통섭 능력은 더 좋아진다. 슈퍼컴퓨터가 되어 간다는 얘기다.

들어보신 분도 있겠지만, 바보 빅터 이야기는 실화다. 평소 내성적이고 말을 더듬어 놀림을 받던 빅터는 IQ 검사에서 73점을 받았다. 그때부터 '바보 빅터'로 불리며 더욱 조롱을 받게 되고 말더듬 증세는 더 심해졌다. 빅터는 학교를 그만두고 17년 동안 허드렛일을 하며 산다. 그러다 우연히 자신의 지능지수가 73이 아니라 173이었다는 사실을 알게 되고, 그 후 빅터의 인생은 바뀐다. 내가 왜 빅터 얘기를 꺼냈는지 짐작할 것이다. 중년에 대한 습관적 비하는 스스로를 움츠러들게 만든다. 자신을 제대로 아는 것이 중요하다. 그것이 기회의 시작이기 때문이다.

중년이 되면 뇌가 신의 영역에 가까워진다는데, 천편일률적으로 전원생활만 꿈꾸는 것은 좀 아깝다는 생각이 든다. 5,000cc 엔진의 자동차로 자장면 배달이나 하는 것이다. 그런데 어처구니가 없는 것은 사회에서 치열하게 살아온 중년들이, 사회를 모른다고 할 수 있는 종교인의 말에 위안받고 휘둘린다는 것이다. 단언컨대, 종교인들은 우리만큼 세상이 펼쳐놓은 지옥과 천국, 갖가지 덫과 유혹을 몸소 겪어본 사람들이 아니다. 당신은 이미 고수다. 문제는 당신만 그

것을 모른다는 거다. 당신은 지금 스스로를 하찮은 존재라고 생각하는 관성에 길들여져 있는지도 모른다.

관성이란 퀘스트를 깨야 기회란 아이템이 나온다. 그리고 이 기회를 어떻게 활용할 것인가는 각자의 몫이다.

 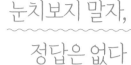

눈치보지 말자,
정답은 없다

한때 '실행력'이란 키워드가 유행했다.

그런데 나는 이 실행력이 가장 중요한 때가 중년이라고 생각한다. 실행을 위해 중요한 것은 우선순위 설정이다. 그래야 목표 달성을 위한 합리적인 플랜이 나오기 때문이다. 그냥 막연히 다르게 살겠다는 것은 진짜가 아니다. 푸념 내지 자기 위안에 불과하다. 그렇다면 우선순위를 어떻게 정해야 할 것인지가 문제다. 간단한 원칙은 있다. 목표가 이루어졌다고 상상하고, 그렇게 되기 위해 가장 필요한 것들 순으로 정리하는 것이다.

50대에 뭘 해야 할지 고민이라면, 60대에 어떤 모습으로 살고 싶은지를 상상해보면 된다. 좀 더 나아가서, 내가 이 세상과 이별하는 모습까지 상상해보자. 갑자기 이별이라니 당황하신 분도 있을 것이다. 하지만 마지막 순간이 정해지면, 그쪽으로 가는 과정이 바뀌는 것은 당연한 일이 아닐까. 직장에서 정년퇴직할 때 어떤 평가를 받고 싶은지를 생각한다면 조금 흐트러진 현재의 모습도 다잡을 수 있을 것이고, 가족들을 두고 이별을 고할 때 어떤 마음이고 싶을지를 상상한다면 가족들을 대하는 마음이 달라질 것이다. 이렇게 두 가지 목표가 정해져야 나만의 주도적인 플랜을 수립할 수 있다.

인생 후반전의 플랜은 주도적이어야 한다. 인터넷에 떠도는 '50대에 할 일' 리스트는 뷔페 차림이다. 다 하는 것도 불가능하다. 농구 선수는 축구 선수처럼 훈련할 수 없다. 선택과 집중이란 원칙이 구현된 플랜은 실행력과 의욕을 모두 높여준다. 남 따라 하는 것은 지속가능성이 제로다. 50대와 다른 60대를 꿈꾼다면 내가 어떤 60대의 삶을 원하는지 상상해야 한다.

인생 후반전의 플랜은 주도적이어야 한다. 인터넷에 떠도는 '50대에 할 일' 리스트는 뷔페 차림이다. 다 하는 것도 불가능하다.

62세의 어느 날 아침, 어떤 소리에 잠을 깨고 어떤 차를 마시는지 상상하자. 65세의 어느 날, 어떤 나라를 여행하고 어떤 책을 읽으며 잠들지 상상하자. 그리고 내가 세상과 이별하는 순간, 내 옆에 누가 있고 나는 어떤 마음일지를 상상하자.

독자들을 위해 이런 과정을 거쳐 내가 마련한 나의 인생 후반전

플랜을 소개한다. 앞에서 밝혔듯 모두에게 해당되는 정답이란 없다. 각자의 정답을 찾으면 그뿐이다. 다만 참고만 하시라.

자신에게 투자하자

- **공부를 시작하자**: 새로운 것을 배우고 깨치는 즐거움에 나이가 따로 있지 않다. 배움과 깨침은 삶을 활력 있고 아름답게 경영할 수 있는 연료가 된다.

- **건강에 투자하자**: 50대에 운동 한두 가지는 확실하게 익히자. 60대부터는 운동을 배우는 것이 힘들어진다. 건강은 삶의 질을 좌우한다.

- **외모에 투자하자**: 외모가 바뀌면 삶도 바뀐다. 자존감이 높아지기 때문이다. 필요하면 적당한 비용을 지출하라. 내 경험상 가성비가 최고다.

- **대화법에 투자하자**: 밥 사주고 좋은 소리 듣지 못하는 사람이 되지는 말자. 나이 들면 입은 다물고 지갑은 열라는 말이 있는데, 열 지갑이 없으면 입과 귀를 잘 열어야 한다. 어쩌면 인생 후반전에 더 필요한 것이 대화법일 수 있다.

- **SNS에 투자하자**: 세상의 흐름을 알 수 있고, 돈 안 들이고 젊은 친구를 사귈 수 있으므로 강력하게 추천한다. 더 늦기 전에 젊은 친구들과 소통하는 법을 배우자.

노후에 투자하자

○ **자격증에 투자하자**: 가급적이면 국가자격증에 도전하자. 검증된 것이라 자신감이 샘솟는다. 벼르고 벼르던 외국어에 투자하는 것도 좋다.

○ **금융 상식에 투자하자**: 수익 창출은 두 번째다. 적어도 손해 보지 않기 위해서, 혹은 사기 당하지 않기 위해서 금융 상식은 필수다.

○ **친구에게 투자하자**: 먼저 자주 전화하고, 가끔 식사하고, 취미 생활도 함께 하자. 지하철로 이동할 수 있는 거리의 친구가 많으면 더 좋다. 의리, 우정 등 쓸데없는 생각은 버리고, 시간을 공유할 수 있는 대상이면 나이와 성별에 관계없이 모두 친구다.

○ **놀이에 투자하자**: 좋은 취미는 여가 활용뿐 아니라 수익으로도 연결된다. 처음에는 이것저것 많이 경험해보는 것이 좋다. 중년은 경험주의자로 살아야 행복하다.

가치관에 투자하자

○ **여행에 투자하자**: 여행은 생각을 넓히고 활력을 충전해준다. 가급적 70세 이전에 많이 경험하도록 하자.

○ **고독에 투자하자**: 혼자 지내는 법에 익숙해지자. 명상 공부도 도움이 된다.

○ **봉사에 투자하자**: 헬퍼스 하이(Helper's High, 타인에게 도움을 주면서

느끼는 정신적 만족감)를 느끼면 인생의 새로운 의미를 깨닫게 된다.

○ **엔딩에 투자하자**: 어떻게 떠날 것인가를 정하면 사는 모습이 달라진다. 이 부분은 매우 중요하며 삶에 매우 강력한 효과를 발휘한다.

시간에 투자하자

○ **변화에 투자하자**: 관성을 벗어나 어색함에 익숙해지는 연습을 하자. 세상살이에도 편식은 좋지 않다. 하지 않았던 일을 해보면 관점이 변한다. 관점만 변해도 마음이 평온해지고 즐거움이 배가된다.

○ **싫어하는 일에 투자하자**: 억지로라도 싫어했던 일을 해보자. 친하지 않았던 친구들과 시간을 보내자. 나의 편견을 알게 될 가능성이 매우 높다. 아울러 삶이 한결 자유로워진다.

○ **못하는 일에 투자하자**: 용기 내서 평생 "난 못 해!"라고 했던 일을 해보자. 몸치라면 댄스에 도전하고, 음치라면 음치 탈출 학원에 등록하자. 어쩌면 평생 콤플렉스에서 벗어날 기회가 될지도 모른다.

가족에 투자하자

○ **아내에게 투자하자**: 아내가 원하는 일을 가장 먼저 하자. 이건 무조건이니 토를 달지 말자. 하다 보면 관점이 바뀔 것이다. 아

내가 행복해야 내가 행복하다.

○ **자녀에게 투자하자**: 자녀와 보낸 시간이 부족했다는 생각이 들면 지금이라도 시간을 투자하자. 마음에 걸리는 것이 있으면 지금 사과하자. 단, 짧게 하자.

○ **요리에 투자하자**: 나의 생존뿐 아니라 가족 화합과 치매 예방에도 도움이 된다. 단, 뒷정리까지 하는 습관을 들이자.

지금까지 나의 플랜을 소개했다. 그러니 '좋네, 나쁘네, 틀렸네' 평가할 대상이 아니다. 여러분도 본인의 생각을 정리해보라. 자신만의 실천 계획서를 만들어 보는 것은 내 삶은 내가 통제하겠다는 의지의 표명이다.

주도적 삶, 우리가 추구하는 궁극의 행복일 가능성이 매우 높다.

1958년부터 1971년까지, 출생아 수는 백만이 넘는다. 앞뒤로 조금씩 적을 뿐이다. 당분간 매년 수십만 명씩 은퇴할 것이다. 은퇴자를 위한 일자리는 몇 만 개 늘리기도 어렵다. 자격증도 무용지물이다. 정말이지 발상의 전환이 필요하다. 일자리를 늘리겠다고 무한정 공사판을 벌일 수도 없고 세금으로 단기 일자리를 만드는 것에도 한계가 있다. 이 분야에 무지한 내가 봐도 앞으로의 성장 개념은 '자동화'다. 자동화는 사람의 일자리가 줄어든다는 의미 아닌가? 우리는 이제 일자리에 의존하지 말고 스스로 일거리를 만들어야 한다.

일자리와 일거리는 다르다. 좀 더 현실적으로 말하자면 은퇴 후의 긴 시간을 잘 소비하고, 소득도 올리고, 소통에도 도움이 된다면 그야말로 바랄 것이 없다. 그런데 은퇴자를 위해 국가가 할 수 있는 일엔 한계가 있다. 은퇴자를 위한 교육 현장에 잠깐 있어봤지만 아무리 취업 교육을 해봤자 일자리가 없다는 슬픈 현실을 직면했다. 취업 교육을 담당하는 일자리는 늘어났을지 모르겠다. 결국 중년의 삶은 각자도생이다. 일자리든 일거리든 스스로 기회를 만들어야 한다.

한 가지 소박한 아이디어는 취미를 일거리로 발전시키는 것이다. 그런데 취미가 일정 수준에 올라 전문가 소리를 들으려면 어느 정도의 시간이 필요할까? '1만 시간의 법칙'은 어떤 분야에서 전문가가 되려면 최소한 1만 시간의 훈련이 필요하다는 개념이다. 하루 3시간씩 10년을 지속해야 1만 시간이 된다. 그러니 늦어도 50살 이전에 시작하는 것이 필요하다. 취미가 일정 수준에 이르면 그것은 더 이상 취미가 아니라 부캐(부副 캐릭터, 본캐와 대비되는 개념)가 된다.

예를 들어보자. 이천에 사는 A 씨는 직장 생활할 때부터 진공관 앰프에 관심이 많았는데, 은퇴 후 블로그 활동을 하면서 진공관 앰프의 공동 제작을 통해 소득도 올리고 있다. 건설사 임원으로 은퇴 후 변두리에 조그만 클래식 카페를 연 선배 하나는, 클래식 음악 동호회를 운영하고 있다. 취미로 캘리그라피를 배우다가 은퇴 후에는 캘리그라피 강사로 활약하는 교장 선생님 이야기를 기사로 읽은 적도 있다. 부전공과 부캐는 자연스럽게 주전공과 본캐로 변하기도 한다. 또 여러 가지 부캐를 동시 다발로 가질 수도 있다.

물론 이런 일이 쉽다는 것은 아니다. 의지만 있으면, 꾸준히 한 분야에 집중하면 무엇이든 일거리가 되는 세상이 되었다는 거다. 대학교 때 산악부 선배는 통나무집 학교에서 통나무집 짓기를 열심히 배우더니 이제 그 일을 하고 있다. 고령화 사회에서 1인 2취미쯤은 필수가 아닐까 싶다. 하나는 여가를 보내며 세상과 소통하고, 남은 하나는 레벨을 올려 부캐로 키워 나가는 것이다. 나 역시 강사이고 방송인이고 작가이고 상담가이면서 무언가를 배우는 학생이다. 그중 하나만 제대로 걸리면 인생이 더 즐거울 것 같다.

이제 1인 2취미쯤은 필수가 아닐까 싶다. 하나는 여가를 보내며 세상과 소통하고, 남은 하나는 레벨을 올려 부캐로 키워 나가는 것이다.

시간이 있을 때 내공을 꾸준하게 쌓는 것이 은퇴 준비고 노후 준비다. 최소한 장기적으로 흥미를 유지하면서 계속할 수 있는 일거리를 하루 빨리 찾아야 한다. 부캐가 일거리를 제공하는 시대는 이미 시작되었다.

바야흐로 부캐의 시대, 부캐가 있는 인생 2막은 자주 즐겁고 매일 바쁘다.

60세에 컴퓨터를 배워
81세에 앱 개발자가 되다

1935년생 와카미야 마사코 씨의 이야기다.

그녀는 고등학교 졸업 후 줄곧 은행에서 근무하다가 58세 정년퇴직을 앞두고 있었다. 마침 어머니의 병간호를 할 사람이 필요했기에 은퇴 이후를 생각할 여유가 없었다. 활동적이었던 그녀는 병간호를 하려면 하루 종일 집에 있어야 한다는 사실에 고민하다가 PC 한 대를 구입했다. 컴퓨터만 있으면 멀리 있는 사람들과도 수다를 떨 수 있다는 단순한 생각에서였다.

호기롭게 컴퓨터를 구입했지만 컴퓨터 완전 초보에게는 설치부터가 난관이었다. 그녀는 PC를 설치하는 데만 3개월이 걸렸다고 한다. 3개월 만에 컴퓨터 화면에 "마짱, 어서 오세요. 환영합니다"란 문구가 뜨던 날을 잊을 수 없다고 한다. 그녀는 '멜로우 클럽'이라는 중장년 커뮤니티에 가입해 동년배들과 소통하기 시작했다. 그렇게 58세에 컴퓨터 독학을 시작한 마사코 씨는 20여 년 후, 앱 개발자가 되었다. 도대체 어떤 일이 벌어진 걸까?

독학으로 컴퓨터를 배운 그녀는 중년 여성들에게 엑셀을 가르칠 기회가 있었다. 중년 여성들이 엑셀을 무작정 어렵게 생각하는 것이 안타까워 어떻게 하면 재미있게 가르칠까 고민하다가 '엑셀 아트'라는 것을 고안했다. 엑셀의 칸 하나하나에 색을 넣어 다양한 문양을 만드는 것이다.

엑셀의 본래 기능과는 상관없지만 엑셀을 친근하게 접근하도록 하겠다는 의도에서였다. 결과는 성공적이었다. 컴퓨터 교실에서 엑셀 아트를 가르치기 시작하자 수강생이 늘어났고, 컴퓨터 화면에서 만든 디자인을 응용해 종이백, 블라우스, 부채 등 작품을 만들게 되었다.

2017년 81세의 마사코 씨는 iOS용 게임 '히나단'을 개발해 최고령 앱 개발자로 이름을 올렸다. 히나단은 노인들을 위한 무료 퍼즐 앱으로, 일본 전통 인형을 순서대로 맞추는 게임이다. 그녀의 앱 개발 소식이 CNN의 기사로 나간 후 40

도전은 결코 젊음의 전유물이 아니다. 그녀의 사례에서 주목할 것은 성공 여부가 아니라 '그냥 한 번 해볼까?'란 가벼운 마음으로 시도했다는 것이다.

여 개국에 방송되었고 다운로드 수 10만을 넘었다. 2017년 6월에는 애플 본사에서 열린 세계 개발자 회의에 초청되어 애플 CEO인 팀 쿡을 만났다. 정리하자면 그녀는 60세에 컴퓨터를 배워 81세에 앱 개발자가 되었고, 현재는 전 세계를 돌며 강연을 하면서 고령층에게 IT 기술을 전하고 있다.

미국의 한 조사에서 90세 이상의 노인에게 '다시 젊은 날로 돌아간다면 뭘 하겠냐'고 묻자 이구동성으로 '모험을 하겠다'고 했다고 한다. 와카미야 마사코 역시 도전을 시도했고, 그 도전의 결과로 인생 후반전을 다르게 살고 있다. 도전은 결코 젊음의 전유물이 아니다. 그녀의 사례에서 주목할 것은 성공 여부가 아니라 '그냥 한 번 해볼까?'란 가벼운 마음으로 시도했다는 것이다. 그녀의 말이다.

"프로그래밍을 한다고 해서 누가 죽는 것도 아니고, 하다가 못 하겠거나 싫증이 나면 그냥 그만두면 된다고 생각했어요."

가볍게 툭, 시도해보는 것이 중요하다.

(와카미야 마사코, 나이 들수록 인생이 점점 재밌어지네요, 가나출판사, 2019년)

I am a middle age
creator!

유튜브를 시작했다. 가볍게 툭 말이다.

구독자가 5만 정도 되면, 일거리나 소득이란 측면에서 다르게 살아 보기가 실현 가능하다는 생각이 들었다. 초등학생들의 장래 희망 직업 상위에 유튜버가 들어간다니 상전벽해다.

2년 전 유튜브를 시작한 방송국 PD 출신 후배가 있었는데 어느새 구독자 9만이 넘었다고 한다. 대기업 임원 소득을 올린다고 하니 솔직히 배가 아프다. 그래서 유명 유튜브 채널의 비밀이 무엇인지 살펴보기로 했다. 하, 그런데 그냥 좀 웃기거나 새로울 게 별로 없는 내용이다. 심지어 유치하기 이를 데 없는 것도 있다. 그런 것을 좋아하는 사람들이 많고, 그게 돈으로 연결된다니 놀라울 뿐이다. 세상이 문제거나 내가 문제거나, 둘 중 하나는 문제인 게 틀림없다. 물론 답은 정해져 있다. 내가 문제다.

잠시 생각해보니 배 아파할 이유가 없다. 까짓거, 나도 유튜버 그 거 해보기로 했다. 2020년은 코로나로 일도 많이 줄었고, 강사 경력 이 얼만데 조금만 배우면 흉내야 못 내겠냐는 자신감도 있었다. 유 튜브가 내 노후 연금이 될 수도 있겠다는 막연한 기대감도 있었다. 세계 최고령 앱 개발자인 와카마야 마사코 씨처럼 '그냥 해볼까?'란 마음으로 시작했다.

그런데 막상 시작하니 엄두가 안 나는 일투성이다. 일단 스마트폰 으로 찍기로 하고, 삼각대와 조명, 마이크는 따로 구입했다. 사실 초 기에는 이런 장비를 사는 것조차 쉽지 않다. 어떤 사양의 것을 사야 하는지 알 수 없어 대충 중간 가격의 제품을 선택했다. 구독자와 수 익이 늘면 좋은 것으로 교체하겠다는 야무진 계획도 세웠다. 그리고 보니, 난 늘 잘된다는 가정하에 일을 시작한다.

무엇보다 중요한 것은 콘텐츠다. 나는 중년이란 단어에 끌렸고, 중 년 남자들을 위한 방송을 하면 반응 이 있을 것이라 예상했다. 첫 방송 콘셉트로 '중년 남성을 위한 화장 법'을 선택했다. 주변에서 화장품 전문가도 섭외했다. 마침 사무실도

반려견이나 반려묘를 찍어 올리는 콘텐츠들이 많다. '개나 키워볼까?' 란 생각이 든다. 삼단 논법을 적용하 면 '나는 개(?)만도 못한 존재'라는 결론이 나온다.

140

있으니 비용 걱정도 없다. 예전에 동영상 편집을 해본 경험도 조금 있겠다, 우선 시작해 보자란 생각이 들었다. 연습용으로 사무실 전경을 찍어 업로드해보니 별 이상 없이 올라갔다. 연습 삼아 해본 나레이션도 자연스럽다는 평가를 받았다.

문제는 동영상 편집에서 발생했다. 예전에 나는 윈도우무비메이커로 편집 작업을 했는데, 시간이 지나 다 잊어버린 것이다. 젊은 친구에게 물어보니 VLLO라는 앱을 사용하면 영상 편집이 가능하다고 한다. 내 입장에서는 천지개벽이다. 고급 기술에 들어갔던 영상 편집이 이제는 스마트폰으로 가능하다니.

예전에는 '불러오기' 하고, '자르기' 하고, '자막 넣기' 하고, 꽤나 복잡했었는데 지금은 정형화된 툴이 있어 정말 손가락 하나로 어느 정도는 가능하다는 것이 신기할 따름이다. 내가 20년도 더 된 무비메이커 시대에 머물러 있던 구닥다리 아날로그 꼰대였음을 인식하는 계기가 되었다. 내가 알고 있는 삶의 경험들이 아무짝에도 쓸모없는 건 아닌가, 하는 불안을 얼른 지우고 재빨리 편집 앱을 깔고 유료로 확장판을 구입했다.

스피드 시대이니 빨리 찍어 빨리 올리고 다시 찍어 다시 올리고 하는 것이 필요하기도 하고, 새로운 앱에 숙달하는 것이 시급하다는 생각이 들어 일단 찍어서 올리기로 했다. 일단 잘 찍고, 질 편집하고, 잘 올렸다. 그 순간 스스로가 얼마나 대견했는지 모른다.

스마트폰으로 동영상 편집을 해보니, 중년들도 이런 간단한 기술쯤은 배워두면 좋겠단 생각이 든다. 은퇴 후에 더 넓은 세상과 소통할 수 있는 소중한 도구가 될 테니 말이다. 어디서 배우냐고? 어디긴 어디겠는가? 마음만 있다면 유튜브가 다 알려준다. 배움은 24시간 가능하고, 스승은 천지에 널려 있다.

이렇게 첫 동영상을 업로드했다. 이후에 총 49개는 올린 것 같다. 누군가 꾸준히 올리는 것이 중요하다고 하길래 일주일에 두 개 정도는 올리고 있다. 그래서 어떻게 됐냐고? 이 글을 쓰는 시점으로, 유튜브를 시작한 지는 1년쯤 된다. 구독자는 400명이고 조회수는 100회를 넘기는 것이 아주 어려운 일이 되었다. 그러다 보니 유튜브에 대한 열정이 서서히 식어갔다. 열심히 할수록 상처를 받는 느낌은 정말 견디기 힘들다. 그래서 지금은 중단한 상태다.

그래도 미련이 남아 여기저기 유튜브를 구경하니 반려견이나 반려묘를 찍어 올리는 콘텐츠들이 많다. '개나 키워볼까?'란 생각이 든다. 삼단 논법을 적용하면 '나는 개(?)만도 못한 존재'라는 결론이 나온다. 심지어 젊은 친구들이 운영하는 자기 계발 부류의 콘텐츠도 인기가 많다. 말 잘하는 법, 인간 관계를 잘하는 법 등인데 내가 보기엔 뻔한 내용이다. 그런데 조회수가 엄청나다. 자존감이 추락한다. 유튜버 생활 5개월에 배운 것이 있다면, 유튜브는 다른 세상이라는 것이다. 기존의 가치, 기존의 콘텐츠는 무용하다.

나의 유튜브 동영상을 보고 지인들이 공통적으로 해주는 피드백이 있다. 고리타분하다, 고지식하다, 자극적이지 못하다는 것이다.

그냥 '집어치우라'는 한마디면 될 것을 돌려 말하느라 힘들었을 지인들에게 이 자리를 빌어 사과한다. 하지만 과감하게 때려치우지는 못하고 잠시 중단했다. 어릴 적 싸움에 지고 도망가면서 '너 두고 보자'고 말하는 식이다. 유튜브가 제대로 자리 잡으려면 4~5번의 시행착오를 겪어야 한다고 한다. 그렇게 셀프 위로를 한다. 난 이제 겨우 한 번 접었고 실패라는 경험도 얻었다. 돈이 많이 깨진 것도 아니다. 그리고 나의 한계도 인식했다. 나에겐 확실한 콘텐츠가 없었고, 나는 예상 외로 고지식하고, 특히 나는 유명 방송인이 아니었음을 깨달았다. 가볍게 툭 시도했다가 상처를 입었지만 배운 것도 많다. 나는⋯ 괜찮다⋯.

　나의 유튜브 도전기처럼 인생 후반전에 새로운 것을 시도한다고 모두 잘될 리가 없다. 인생 후반전 준비에 실패의 경험도 포함시켜야겠다고 다짐한다. 이렇게 나의 유튜버 1차 도전기를 마친다. 두 번째 도전을 분명 다를 것이라 기대하며.

어색한 것과
익숙해지기

골프 백돌이를 탈피하고자 골프 레슨을 시작했다. 코치는 나에게 "엎어 친다"고 한다. 엎어 치면 공이 멀리 나가지 않고 방향도 좋지 않으니 자세를 수정하자는 것이다. 코치가 시키는 대로 어드레스 자세를 취했다. 그런데 이게 참 어색하고 우스꽝스럽다. 자세가 이상하다고 불평하자, 코치는 어색한 게 당연하다고 한다. 게다가 아프지 않던 근육까지 아플 거라고 경고한다.

다음날 아침에 일어나니 진짜 새로운 곳의 근육이 땅긴다. 스윙도 어색하고 공도 더 안 맞는다. 코치는 늘 잘한다고 하지만 의심이 간다. 거울 속의 내 자세가 너무 웃긴다. 게다가 이 자세가 맞는 건지 틀린 건지 판단도 안 된다. 그렇게 시간이 지나가고 코치는 그래도 자세가 많이 수정되었다고 한다. 솔직히 나는 뭐가 바뀐 건지도 모르겠다. 공은 여전히 안 맞고 자세는 여전히 어색하다.

"중년 남자들 스윙 자세 교정하는 게 제일 어려워요. 이렇게 보고 있을 때는 잘 하다가도 제가 자리만 비우면 다시 원래 자세로 돌아가 버리거든요. 그래도 사장님은 잘 바꾸고 계신 편입니다." 내가 잘하고 있는지는 모르겠지만, 중년 남자들의 습관 고치기가 힘들다는 데는 전적으로 동의한다. 무언가를 바꾸는 것이 이렇게 어려운 일인가 싶다. 단지 어색하다는 이유로, 편안했던 과거로 돌아가고자 하는 회귀 탄력성(?)이 모든 것을 수포로 돌리기도 하나 보다.

최근에는 아내가 골프 레슨을 받고 있다. 그런데 아내를 레슨하는 프로가 똑같은 말을 한다. "앞으로 자세 잡을 때 많이 어색하실 겁니다. 그리고 새로운 곳에 근육통이 올 수도 있어요. 자세가 고쳐지고 있다는 증거이니 어색해도 계속 연습하셔야 합니다. 이렇게 자세를 바꿔 놓아야 어깨 근육을 다치지 않고 골프를 오래 즐길 수 있어요."

문득 타이거 우즈가 "몸이 기억할 때까지 스윙 연습을 한다"고 했던 말이 떠오른다. 우즈뿐 아니라 다른 분야의 선수들도 그럴 것이다. 그런데 그렇게 연습한 스윙 자세를 또 바꾼다는 것은 기가 막힐 노릇이다. 손에 피가 나도록 연습해서 만든 자세를 바꾼다면, 그동안의 땀과 시간은 어떻게 되는 걸까? 골프 중계를 보면 프로들이 신처럼 느껴진다. 저렇게 잘 치려면 얼마나 연습을 한 걸까? 그런데 저걸 바꾼다고? 폼을 바꾸는 이유는 하나일 것이다. 성적이 저조해서,

혹은 더 잘하기 위해서다. 얼마나 노력했느냐는 다른 문제다. 생각 대로 공이 날아가지 않는다면 10년을 노력했든 20년을 노력했든 고쳐야 한다.

골프도 그렇고, 인생도 그렇다. 살던 대로 편히 살면서 새로운 일이 벌어지기를 바랄 수는 없다. 생각 대로 공을 보내려면 연습과 교정이 필요하다. 즉 익숙한 것을 버리고, 어색함에 익숙해져야 한다. 어색한 친구를 만나고, 어색한 장소에 가보고, 어색한 일을 해보자. 혼자 여행도 가보고, 친구에게 먼저 전화도 해보고, 아내에게 요리도 대접해보자.

나는 지금 골프 친구를 새로 만들고 있는 중이다. 예전 같았으면 마음 맞는 친구들과만 골프를 치려고 했을 것이다. 새로 만들고 있는 골프 친구 중 한 놈은 이상한 음모론에 빠져 있고 말이 많다. 다른 한 놈은 늘 뻥만 친다. 물론 내 주관적인 견해다. 전에는 만나지 않았을 친구들이다. 그런데 이놈들 아니면 매달 한 번 정기적으로 골프를 같이 쳐줄 놈이 없다. 솔직히 이놈들이 없으면 아쉽다. 그래서 그냥 참고 잘 지내기로 했다. 골프를 나보다 잘 친다고 잔소리를 해대지만 그냥 참는다.

친하지 않았던 친구들과 어울리는 것이 참 어색하다. 그럼에도 이

> 어색한 친구를 만나고, 어색한 장소에 가보고, 어색한 일을 해보자. 혼자 여행도 가보고, 친구에게 먼저 전화도 해보고, 아내에게 요리도 대접해보자.

146

어색함에 익숙해져야 삶에 조그만 변화라는 것이 생길 것이다. 인생을 다르게 사는 준비란 거창한 게 아니라 이렇게 소소한 것들인지도 모른다. 이제는 어색한 것을 대할 때의 마음가짐도 달라지는 느낌이다. 얼어붙은 대지 아래에서 새싹이 움트듯, 두꺼운 고정관념을 뚫고 새로운 생각이 싹트는 것 같다.

대출받아 여행 가는 게
미친 짓이라고?

어느 날 강의에서 '하고 싶은 것을 못 하고 사는 이유가 무엇인가' 라는 질문을 던졌다. 참석자들은 '당연한 것을 왜 묻냐'는 듯 다소 짜증스러운 표정으로 '여유가 없어서'라고 대답했다. 맞다, 여유가 없으니 못 한다. 나도 그렇게 생각했다. 그런데 이 구실 저 구실 대며 다음으로 미루고 살다 보니 어느새 환갑이다.

그렇게 미루다 해외여행도 몇 번 못 했다. 유럽은 근처에도 못 가봤고 고작해야 필리핀 두 번이다. 미루면 남는 것은 여유가 아니라 후회라는 것을 환갑이 되어서 깨달았다. 이제야 비로소 여유가 생겨 어디 좀 가려니 코로나란다. 나의 미루며 산 인생에서 배운 것이 있다면 내가 좀 사치를 부린다고 큰일 나는 건 아니란 것이다. 심지어 최근에는 젊었을 때 대출이라도 받아 유럽 여행을 갔어야 한다는 극단적인 생각까지 든다. 모든 것은 다 때가 있고, 여유는 생기는 것이 아니라 만드는 것이다.

최소한 나는 이제부터 그런 마음가짐으로 살겠다 결심했다. 그래봤자 70살까지 딱 10년 남았다. 나에게 남은 가장 젊은 10년. 그래서 '노세 노세 70 전에 노세, 쓰세 쓰세 70 전에 쓰세'로 가치관이 바뀌었다. 아니 의도적으로 바꿨다. 물론 70세가 되면 또 생각이 바뀔 터이다. 어떻게 바뀔지 지금은 모르겠다. 그건 그때 가서 생각하면 된다. 나이 들수록 '닥치는 대로 살자'는 말이 명언처럼 느껴지는 이유는 뭘까?

그렇다면 하고 싶은 것을 하기 위해 필요한 '여유'는 만드는 것으로 정리하자. 그러면 끝인가? 나이 들면 돈이 넘쳐도 여행 가는 것이 쉬운 일이 아니다. (물론 여행이 삶을 다르게 사는 것의 전부는 아니지만 나에게는 인생을 다르게 산다는 상징적 의미를 가지고 있다. 여행 대신 여러분에게 필요한 단어로 바꾸면 된다.) 나는 그 다음으로 필요한 것이 '용기'라고 생각한다. 한마디로 저지르는 거다. 대출받아서 여행을 떠나는 것이 용기인지 미친 짓인지는 갔다 와서 생각하자. 떠나는 용기, 시도하는 용기, 익숙한 것을 포기하는 용기가 필요하다.

> 인생 후반전의 첫 번째 동력은 용기다. 중년이 좋은 것은 아무렇게나 해도 그렇게 큰 실수를 하지 않는다는 점이다.

누구나 은퇴 후에 잘 살기를 바란다. 행복하기를 바란다. 은퇴하면 제일 부러운 친구가 돈 많은 친구, 그 다음이 자식 농사 잘 지은 친구, 그 다음이 자기 취미활동을 활발히 하는 친구라고 한다. 솔직히 은퇴 후에 돈 많은 것을 따라 갈 수 없고, 자식 농사를 어찌할 수 없다. 하지만 취미활동을 열심히 하면서 주도적으로 사는 것은 가능하다.

은퇴 후 6년 동안, 일 년의 절반 이상을 해외 배낭여행으로 보내는 선배님이 계신다. 심지어 그 선배는 다리가 불편한 형수와 함께 40일간 배낭여행을 다녀오기도 했다. 어느 날 느닷없이 선배에게 카톡이 왔다. 낙타를 타고 있는 사진이다. 한 달 후에는 시가를 물고 있는 사진을 보낸다. 다음엔 사하라 사막의 석양을 배경으로 찍은 사진이다. 황홀하고 부럽다. 부러워 죽을 지경이다. 남극과 북극을 빼고는 전 세계를 다 가봤다고 한다.

막걸리를 마시다 선배에게 물었다. "1년에 쓰는 경비가 얼마쯤 돼요?" 선배는 600에서 700 사이라고 한다. 많이 쓰는 해에도 천만 원을 넘지 않는다는 것이다. 어떻게 그게 가능하냐고 노하우를 공개해 달라고 하니, 미리 구입한 싼 항공 티켓과 게스트 하우스를 이용하면 된다고 한다. 머리가 허연 노인이 게스트 하우스에 묵는 게 신기한지 젊은 여행자들의 눈길이 쏟아지지만 신경 쓰지 않는다는 것이다.

게스트 하우스에 묵으면 숙박비도 저렴하고 아침에 빵을 주는데, 남는 것을 잘 챙기면 점심까지 해결된다고 한다. 선배는 한국에 있어도 1년에 천만 원은 써야 되는데, 외국에 나가 있는 것이 오히려 돈을 더 적게 쓴다고 했다. 궁금한 것이 꼬리에 꼬리를 문다. 대뜸 형수님이 뭐라고 하지 않느냐고 물었다. 그렇게 오래 집을 비운다는 것이 내게는 불가능해 보였기 때문이다. 선배는 자신이 여행 가는 것을 아내가 좋아한다고 했다. 퇴직 후 긍정적인 방향으로 사람이 많이 변했고, 그 모습이 보기 좋아 나갈 수 있을 때 많이 나가라고 한다고 덧붙인다.

선배의 여행 이야기를 나만 듣는 것이 아까워 강의를 주선했다. 강사비로 여행 경비를 조금이라도 충당하시라는 나름의 배려였다. 역시 반응이 좋았다. 남자라면 누구라도 이런 꿈을 꿀 테니 말이다. 문제는 생각만 한다는 것이 아니겠는가? 선배에게 가장 부러웠던 것은 용기다. 은퇴 후 좋은 일자리를 뿌리치고 떠날 수 있는 그 용기 말이다. 생활비는 어떻게 하냐고 조심스럽게 물었더니, 연금이 나오고 그동안 모아둔 것을 조금씩 아껴 쓴다고 한다. 나는 안 해도 될 질문을 한다. 그래도 생각보다 오래 살면 어떻게 하냐고. 어쩌면 무례한 질문인데 선배는 해맑은 표정으로 대답한다. "일단 떠나 보라니까, 그런 걱정이 싹 사라져."

선배의 말에 훅 깨달음이 왔다. 걱정은 해결하는 것이 아니라 사라지는 거구나. 이제부터 생각을 바꾸자. 70세까지는 일단 하고 싶은 것을 하고, 그 다음에 남거나 있는 돈에 맞추어 살아야겠다. 70살 이후는 그때 가서 결정하자. 제일 먼저 버려야 할 것이 대책을 세우는 습관이다. 이 말을 달리 표현하면 걱정하는 습관이다. 걱정한다고 대책이 세워지지도 않고, 그 대책대로 된 것도 별로 없다. 걱정과 대책이 전혀 필요 없다는 의미가 아니라, 과유불급의 지혜를 가지라는 얘기다.

인생 후반전의 첫 번째 동력은 용기다. 중년이 좋은 것은 아무렇게나 해도 그렇게 큰 실수를 하지 않는다는 점이다. 한마디로 자율 조정 기능이 내재되어 있다. 그러니 쫄지 말고 조금만 시도해 보자. 정말이지 조금만 변하면 인생이 크게 달라진다. 나는 조금씩 그것을 체험해 가고 있는 중이다.

김쌤과 친해지려면
전화부터 해야지

충주에 후배 한 분이 산다. 후배임에도 존칭을 쓰는 것은 아주 막역한 사이는 아니기 때문이다. 대학 시절 나는 산악부 활동을 했는데, 이 산악부라는 것이 군대와 비슷해서 무조건 학번으로 따져 선후배를 결정한다. 그래서 후배는 나를 '선배님'이라 부르고, 나는 이 후배가 중학교 선생님이어서 '김쌤(?)'이라고 부른다.

사실 말이 산악부 선후배이지, 나는 잠시 몸담았던 날라리 산악인이고 김쌤은 지금도 히말라야 원정을 다녀오는 전문 산악인이다. 알게 된 지는 10년쯤 되는데 그간 교류가 많았던 것은 아니다. 얼굴 본 것도 열 번 정도에 불과하다. 하지만 단도직입적으로 나는 김쌤이 부럽다.

SNS를 통해 서로의 소식을 아는데 김쌤의 SNS에는 늘 산악자전거를 타는 사진, 자신의 아지트에서 모닥불 피우는 사진, 커피를 드립하는 사진, 조각하는 사진, 히말라야 등반 사진들로 가득하다. 그 중에서도 내 가슴에 불을 지른 것은 석양이 지는 충주호를 배경으로 카누를 타는 사진이었다.

어느 날, 김쌤에게 전화해 카누를 타보고 싶다고 했더니 얼른 내려 오라는 게 아닌가. 쉬는 날 아침, 차를 몰고 충주호로 달려갔다. 김쌤은 집 가까운 폐교를 캠핑장으로 쓰고 있었다. 요즘 지방에는 이렇게 폐교를 임대해 캠핑장으로 사용하고 교실도 임대해 주는 곳이 많다고 한다. 김쌤도 교실 하나를 빌려 자기만의 공간으로 꾸미고, 캠핑 자리를 빌려 자기만의 고정 텐트를 쳐놓았다. 텐트 뒤에는 캠핑카도 한 대 주차되어 있었다. 정신 차려 주위를 둘러보니, 넓은 학교 운동장에 캠핑카가 여러 대 눈에 띄었다. 모두 장박을 하는 차들이란다. 도시에는 주차 공간이 마땅치 않아 이곳에 두었다가, 어디론가 떠나고 싶을 때 사용한다는 얘기다.

비용도 비싸지 않다. 1년에 100만 원이면 넓은 교실 하나를 사용할 수 있다고 한다. 그 공간을 사무실이나 자신의 아지트로 쓰기도 하고, 심지어 화목난로를 설치해 운치를 즐기기도 한다니, 그 자리에서 당장 교실 하나 계약하고 싶은 마음이었다. 그때가 2018년이니, 지금은 가격이 꽤 올랐을 것이다. 내가 다르게 살겠다고 입으로 떠들고 다닐 때, 다른 사람들은 이미 다르게 살고 있었던 거다. 김쌤뿐 아니라 그곳에 있는 사람들이 다 부러웠다. 고급스러운 별장은 아니지만 나의 성향에 딱 맞는 남자들만의 아지트였다.

주말에는 친구들을 불러 레저 활동을 하고, 친구들이 없으면 장작 난로 피우고 불멍도 하고, 그러다 심심하면 카누 타러 가고, 그게 아니면 산악자전거 타고 동네 산을 한 바퀴 돈다고 한다. 그는 내가 하고 싶은 것을 이미 다 하고 있었다. 부러운 것은 그렇게 즐기기 좋은 자연 환경이고, 더 부러운 것은 아내도 동참한다는 것이다. 그들은 모두가 부러워한다는 교사 부부다.

김쌤의 지도 하에 카누를 탄다. 충주호 물살을 가르며 노를 저어본다. 무섭기도 하지만 곧 익숙해진다. 김쌤이 뒤에서 받쳐 주니 더 든

다르게 살아보자는 것은 본질적으로 즐겁게 살아보자, 주도적으로 살아보자는 것이다. 물론 다르게 사는 데도 어색함과 불편함이 존재할 것이다.

든하다. 미끄러지듯이 달린다는 표현은 은유가 아니었다. 정말 미끄러지는 느낌이다. 그리고 물살이 기가 막히다. 여기는 물멍이다. 물 밖에서 보던 세상과 물 안, 아니 호수 안에서 보는 세상은 좀 다르다. 호수를 가르며 노를 저어 가니 입꼬리가 저절로 올라간다. 그냥 좋다.

은퇴하고 이렇게 친구들과 즐길 준비를 해놓은 김쌤이 부럽고, 이런 시스템으로 적당히 유지비를 벌 수 있을 것 같아서 부럽다. 은퇴 전의 취미가 은퇴 후의 직업으로 전환될 수도 있겠구나 싶다. 다르

게 살아보자는 것은 본질적으로 즐겁게 살아보자, 주도적으로 살아보자는 것이다. 그런 의미에서 내가 그리던 삶을 이미 살고 있는 사람들이 많다. 물론 다르게 사는 것이 꼭 환상적인 삶이라는 것은 아니다. 다르게 사는 것에도 불편함과 어색함은 존재할 것이다. 그럼에도 다르게 살아보고 싶다는 생각은 여전하다.

그러면 나도 김쌤처럼 폐교의 한 자리를 차지하고, 카누를 배우고, 캠핑카를 사야 할까? 그건 아니다. 각자의 방법은 따로 있다. 나는 그냥 김쌤과 더 친하게 지내면 된다. 김쌤도 은퇴하면 심심할 것이다. 민폐 끼치지 않는 범위 내에서 가끔 숟가락 들이밀면 되지 않겠는가? 뭐 내가 서울에서 충주까지 가서 놀아 주는 것일 수도 있다.

그런 의미에서 오늘 김쌤에게 안부 전화나 해야겠다. SNS '좋아요'를 열심히 누르고 댓글도 더 많이 달아줘야겠다. 이것도 준비라면 준비다. 나이 들수록 좋은 친구가 많이 필요하지만, 새로운 친구를 만나기는 점점 더 어려워진다. 그러니 내 인적 자원 안에서 미리미리 친구를 만들어두자.

나이 들어 친구를 만드는 10가지 방법

내게는 방송을 하면서 알게 된 방송 친구가 몇 있는데, 그중 한 사람이 심리학 박사 이호선 교수다. 동생이지만 좋은 친구다. 최근 이 교수가 '나이 들어 친구를 만드는 법'이란 주제로 세바시(세상을 바꾸는 시간, 15분)에서 강의를 했는데 유튜브 조회수 100만을 기록했다.

이건 어떤 의미일까? 나이 들어서도 인간관계를 고민한다는 방증이다. 누구는 나이 들면 친구 관계를 정리하는 게 좋다고 하고, 누구는 새로운 친구를 사귀어야 한다고 한다. 어느 쪽이 맞는지 모르겠지만, 각각의 주장에 나름 근거는 있다는 생각이다. 게다가 나이 들수록 친구가 줄어드는 것은 사실이다. 시간은 많은데, 할 일도 줄고 친구도 줄어든다면 솔직히 걱정이 되기는 한다. 그런데 나이 들수록 친구를 만드는 일이 어려운 이유는 뭘까?

심리학자들은 나이가 들어 자신의 삶이 유한하다는 걸 깨닫게 되면서 사람을 만나는 데도 시간을 아끼게 된다고 설명한다. 그래서 확실치 않은 일에 노력을 투입하지 않는다는 것이다. 그런데 아무리 학자라도 이건 좀 이해가 안 된다. 나이 들수록 대인관계가 위축되는 건 사실이지만, 주변에 대한 관심이 떨어지는 건 아니기 때문이다. 만약 이 이론이 맞다면 나와 관계없는 일에는 무관심해져야 할 텐데, 오히려 반대의 양상을 보이니 말이다.

독일의 동물 행동학자와 스위스의 심리학자는 나이 듦에 따라 나타나는 사교성 위축의 원인이 '삶의 유한성 자각'이라는 철학적 동기가 전부가 아니라고 생각하고, 원숭이를 대상으로 행동 실험에 들어갔다.

먼저 원숭이들에게 못 보던 물건을 던져 준 뒤 얼마나 오래 관심을 보이는가를 측정했다. 동물 인형 같은 장난감의 경우, 새끼들은 오래 갖고 놀았지만 7~8세(청년)만 되어도 바로 싫증을 냈고 2분 이상 관심을 보이는 원숭이의 비율은 뚝 떨어졌다.

다음으로 안에 땅콩이 들어 있는 통을 주자, 모두들 땅콩을 꺼내 먹기 위해 통을 열 방법을 궁리했다. 그런데 24세가 넘은 늙은 원숭이들은 몇 번 시도해봐서 뚜껑이 안 열리자 곧 포기하고 돌아섰다. 성공 확률도 나이가 듦에 따라 떨어져, 19세가 넘는 원숭이 중에 성공한 경우가 없었다. 즉 노화로 인지력이 떨어지니 문제 해결 능력이 떨어지고 포기가 빨라졌던 것이다. 어쩌면 나이 들수록 혼자 지내는 것에 익숙해졌기 때문일 수도 있다.

두 번째 실험은 사회에 대한 관심도를 측정하는 것이었다. 새끼 원숭이, 친한 원숭이, 안 친한 원숭이의 사진을 각각 제시한 뒤 응시하는 시간을 측정했다. 그 결과 암수의 차이는 있었지만 나이의 차이는 없는 걸로 나타났다. 이 실험은 원숭이 역시 나이가 들었다고 사회에 대한 관심은 줄지 않는다는 것을 보여준다.

마지막 실험은 암컷 원숭이들을 대상으로 털을 고르는 행동을 분석해 사회적 활동과 네트워크의 크기를 알아봤다. 그 결과 나이가 들수록 다른 원숭이의 털을 골라 주는 시간이 줄었고 그 대상도 적어졌다. 즉 사회활동이 위축됐다는 말이다. 이 역시 사람과 유사한 양상을 보인다. (커런트 바이올로지 2016년 6월 23일자 온라인판) 이 원숭이 실험은 우리가 나이 들면서 보이는 사회활동의 위축이 '삶의 유한성 자각'이라는 철학적 성찰에서 비롯된 행동 양식일 뿐 아니라 노화에도 큰 영향을 받음을 시사한다. 즉 젊을 때처럼 네트워크 확장과 유지에 비용을 들이기에는 몸과 마음의 에너지가 부족하다.

내 의견을 묻는다면, 그럼에도 불구하고 친구는 필요하고 친구를 사귀는 일을 멈춰서는 안 된다는 것이다. 학창 시절 아주 친했지만 연락이 뜸해지면서 멀어지기도 하고, 의리(?)를 맹세했던 친구와 사업을 하다가 등을 돌리기도 하고, 사소한 일로 선을 그어버린 친구들도 있다. 이렇게 한두 명씩 곁에서 멀어지고 저절로 정리되다 보니 굳이 정리할 필요까지는 없다는 것이 나의 생각이다. 이런 식이다 보니 속은 편한데, 앞으로 놀 친구가 별로 없다는 것이 걱정이다. 인생 후반전을 위해 근육도 만드는데 친구 만드는 일을 못 할 이유가 없다. 행복한 노후를 언급할 때 항상 포함되는 것이 친구다.

BBC가 만든 행복 헌장의 1번도 친구가 있어야 한다는 것이다. 살아오면서 한 번도 친구를 만들겠다는 생각을 한 적이 없지만, 이제 고정관념을 바꿔야 한다. 우선 친구란 말에 대한 고정관념부터 바꾸자. 우선 나이와 성별 구분에서 벗어나기로 했다. 의리, 운명 따위를 들먹일 필요가 없다. '만나서 즐거우면 친구다'라고 생각만 바꿔도 친구가 확 늘어나는 기분이다.

의리? 우정? 차라리 개뿔을 찾는 게 더 빠를 수 있다. 나한테 없는 것을 남에게 기대하지 말자. 그런 거 없어도 사는 데 아무 지장이 없다.

사실 내겐 나이 많은 친구가 있다. 물론 그는 나를 친한 동생으로 생각할 거다. 그러니 정확히는 잘 아는 동네 형이다. 그는 나보다 나이가 많지만, 친구와 다름없이 같이 시간을 보내고, 인생 조언도 해주고, 여러가지 참견과 간섭도 해준다. 그런데 친구들이 헤어지는 원인의 대부분은 간섭과 충고와 지나친 참견이다. 그런데도 나는 동네 형과 잘 지낸다. 지금도 그는 내 신발, 내 옷, 내 행동, 심지어 어떨 때는 점심 메뉴까지 간섭한다. 조언은 그냥 들으면 그만이고, 메뉴는 동네 형이 사는 것이니 불만은 없다. 심지어 미식가라서 늘 맛이 좋다. 반대로 나는 동네 형에게 간섭하지 않는다. 아니 할 게 없다. 그 대신 놀린다. 같이 스크린 골프를 치며 장난도 건다.

문득 '나이 많은 친구의 장점'이 많다는 생각이 든다. 나이 차이가 있으니 서로서로 쉽게 선을 넘지 않는다. 나의 경우를 보면 동네 형이 잘 받아준다. 대신 그 형은 나에게 직접적으로 말하지는 않는다. 좋은 충고를 좋은 말투에 담아서 내게 준다. 이 나이에 내게 충고해 줄 사람도 없지만 순순히 받아들일 나도 아닌데, 동네 형은 다르다. 내가 그 형을 무지 좋아하기 때문이다. 그냥 한 수 접고 들어가기 때문이다. 그렇다면 예전에 친구들과 관계가 원활하지 못했던 원인은 뭘까? 동네 형과 다르게 자존심이란 문제가 있었던 것 같다. 친하다는 생각에 서운한 언행을 하고, 감정이 쌓여 가다 어느 날 터져버린 것은 아닐까? 역설적이게도 너무 친해서 멀어졌던 거다.

최근에 골프를 배우고 있다. 골프를 배우면 자다가도 필드에 나가고 싶다. 그런데 골프는 혼자 할 수 있는 게 아니다. 혼자서도 할 수야 있겠지만 그것도 어느 정도 수준이 되어야 가능하다. 문제는 나에게 골프를 치러 가자는 사람이 없다는 것이다. 그런데 어느 날 군대 동기에게 연락이 왔다. 골프 예약을 했는데 한 자리가 비니 오지 않겠느냐고 묻는다. 물론 OK다. 그는 다른 동기도 온다는 말을 덧붙인다. 대학 동기이고 장교 동기이고 2년을 같이 훈련받았으니 친구가 맞다. 하지만 내 기준으로는 이들이 친한 친구가 아니다. 학창 시절 같이 술을 마신 기억도 없다.

그런데 골프를 같이 나가니 내가 왜 그랬는지 새삼 알게 되었다. 나랑 너무 안 맞는다. 내 스타일이 아니다. 우선 한 놈은 말이 너무 많고, 다른 놈은 더 많다. 게다가 주책이 넘친다. 할 말, 안 할 말을 다 많이 한다. 그렇지만 다음달 나는 또 그들과 함께 골프를 치러 갔다. 그리고 앞으로도 매달 칠 듯하다. 이놈들 아니면 골프를 같이 칠 사람이 없기 때문이다.

그런데 이상하게도 그놈들과 시간을 보낼수록 견딜 만해지는 게 아닌가. 다음 모임이 막 기다려지고, 말 많은 놈의 말이 귀에 쏙쏙 들어온다. 그 순간, 어쩌면 내게 문제가 있었던 것 아닌지 퍼뜩 의심이 들었다. 맞다, 나의 문제였다. 나는 혼자만의 기준으로 사람을 평가하는 나쁜 습관이 있었던 거다. 나도 모르는 열등감에서 나오는 자존심일 수도 있고, 타고난 까칠함일 수도 있고, 자신에 대한 과대망상일 수도 있다. 거꾸로 그런 것을 버리면 친구를 잘 사귈 수 있을 것이다. 나는 지금 친구에게 맞추고 적응하는 훈련을 하고 있는 중인 것 같다.

나이 들어 친구 사귀는 방법을 한 문장으로 정리하면 '친구의 범위를 넓히고, 친구의 기준을 대폭 낮추는 것'이다. 자주 만나면 누구라도 친구가 될 수 있다는 생각이 필요하다. 불편한 진실일 수 있지만, 우리는 알게 모르게 친구에 대한 소유 욕구와 인정 욕구를 갖고 있다. 나만의 친구이니 나와 제일 친해야 하고, 내가 그렇듯이 너에게도 내가 제일 소중한 존재여야 한다는 쓰레기 같은 생각 말이다. 나 역시 이런 고정관념을 갖고 있었지만, 이제 버리기로 했다.

의리? 우정? 차라리 개뿔을 찾는 게 더 빠를 수 있다. 나한테 없는 것을 남에게 기대하지 말자. 그런 거 없어도 사는 데 아무 지장이 없다. 그냥 만나서 서로를 존중하고 서로에게 피해 주지 않으면 된다. 아, 그리고 이제는 너무 친해지지 않기로 했다. 살아온 세월을 돌아보면, 너무 친했던 것이 오히려 파국을 불러왔다. 살수록 '적당히'란 단어가 참 절묘하단 생각이 든다. 적당히 친하면 된다.

나이 들어 친구를 만드는 10가지 원칙을 정리해봤다. 물론 내 멋대로 만든 것이다. 여러분도 입맛에 맞는, 혹은 상황에 맞는 원칙을 만들어보라. 의외로 유용하다.

1. 친구의 개념(나이, 성별 등)을 넓힌다.
2. 친구에 대한 기대 수준을 낮춘다.
3. 친구에게 먼저 연락한다.
4. 친구에게 먼저 만나자고 한다.
5. 친구와는 노는 일 외에는 만들지 않는다.
6. 가급적 논쟁을 피한다.
7. 충고, 조언, 비판을 하지 않는다.
8. 가급적 신세 지지 않는다.
9. 고마울 때는 고맙다고 한다.
10. '의리, 우정, 신의'란 단어들을 머릿속에서 지운다.

SNS 친구도
친구다

영국 멘체스터 유나이티드 구단의 전 감독 퍼거슨은 'SNS 활동이 인생의 낭비'라고 했지만, 내 기준으로 보자면 그 늙은이(?)가 잘 몰라서 하는 소리다. SNS 소통은 분명 인생에 긍정적인 영향을 미친다. 모든 것은 양면적이다. 시간 낭비의 측면도 있는 반면 소통 확장이라는 측면도 존재한다. 그렇다면 SNS 활동을 어떻게 해야 할까?

우선 SNS 명함을 잘 만들어야 한다. 명함이 멋지면 나이, 성별 관계없이 멋진 친구들을 만나게 된다. 통상적으로 나이 들어서 SNS에 입문하는 분들의 자기소개를 보면 너무 장황하든지 너무 아무것도 없든지, 둘 중 하나다. 아무 정보 없이 친구 신청을 하면 수락을 누르기가 망설여지는 것이 당연하다.

나는 나이가 들수록 SNS 소통을 해야 한다고 주장한다. 오랫동안 교류해온 친구들은 여러 가지 이유로 하나둘 사라져 간다. 오프라인에서 친구를 만드는 것은 갈수록 어렵다. 하지만 온라인이라면 문제가 다르다. 성별이나 나이로부터 훨씬 자유롭다. '좋아요'를 눌러주면서 서로 공감하고 소통하는 장이 될 가능성이 매우 높다. 단, 꼰대티만 내지 말자. 그리고 간단한 매너를 갖추자. 매너라고 해서 어렵게 생각할 게 없다. '좋아요' 눌러주고 칭찬 댓글 달아주면 충분하다. 메신저로 대화를 원하거나 전화번호를 물어보는 일은 제발 하지 말자. 누구라도 부담스럽다.

그리고 상대의 포스팅에 대뜸 반말 댓글을 달거나 훈계조의 공격을 하는 재수없는 사람들이 있다. 문제는 그들 스스로 정의와 진실만을 말하고 있다고 확신한다는 것이다. 정말 재수없다. SNS에서 그런 행위는 절대 금지다. 생각이 다르면 조용히 친구 관계를 정리하면 된다. SNS에서는 모두가 평등하니 서로를 존중해야 한다.

필자의 경험으로 대문이 멋진 사람, 또는 공들여 만든 사람이 친구 신청을 하면 대개는 수락한다. 인상을 쓴 사진이나 너무 민낯의 사진을 올려놓았거나 자기소개도 없다면 대개 거절한다. 이제 우리는 내면과 외면의 아름다움에 이어, SNS상에서의 아름다움도 추구해야 한다. SNS 명함을 멋지게 꾸민다면, 온

세상에 절대적으로 좋은 것, 절대적으로 나쁜 것은 없다. SNS도 잘 쓰면 약이고, 못 쓰면 독이다.

라인에서의 활발한 교류가 오프라인에서의 나의 멋짐을 자극하는 계기가 될 것 같다. SNS상에서 자기 자랑을 늘어놓는 것이 꼴 보기 싫다는 분들도 계시지만, 자랑도 기술이고 보기 싫으면 안 보면 된다.

SNS는 선택적 소통이 가능한 곳이다. 시비를 거는 곳이 아니란 말이다. 사소하게 거슬리는 것들을 패스하는 훈련도 해볼 수 있다. 일단 SNS 명함을 공들여 만든 후, 입 다물고 '좋아요'만 누르면서 잘 관찰하면 세상과의 소통이 시작된다. 다른 사람들의 관심을 받는 즐거움을 알게 되면 인생의 새로운 재미가 하나 늘어나는 셈이다.

혹시 아는가? 신선 놀음에 도끼 자루 썩는 줄 모를 만큼 푹 빠질지. 세상에 절대적으로 좋은 것, 절대적으로 나쁜 것은 없다. SNS도 잘 쓰면 약이고, 못 쓰면 독이다.

그리고 SNS 친구도 친구 맞다.

중년이여,
패키지 여행은 이제 그만!

여행은 크게 '패키지 여행'과 '자유 여행'으로 나뉜다.

국내 여행은 대부분 자유 여행이지만 해외 여행은 상당수가 패키지 여행을 선택한다. 물론 젊은 세대일수록 자유 여행을 선호한다. 코로나19로 여행길이 막혔다. 나는 코로나 시대가 끝나길 바라며 빨리 자유 여행을 꿈꾸고 있다. 내가 자유 여행을 꿈꾼다니까 '패키지 여행이 지겨워졌나 보다'라고 생각하는 분들도 계시겠지만, 사실 나는 패키지 상품으로 해외 여행을 해본 경험도 거의 없다.

솔직하게 말하면, 나이 든 사람들에겐 패키지 여행이 편하다. 타라면 타고, 내리라면 내리고, 먹으라면 먹고, 자라면 자면 된다. 어디를 갈까, 뭘 먹을까 고민할 필요가 없다. 그냥 정해진 코스만 졸졸

따라 가면 된다. 게다가 비용도 저렴하다. 그런 걸 다 알면서 나는
왜 자유 여행을 꿈꾸는 것인지 곰곰이 생각해보았다.

어쩌면 우리 세대가 살아온 삶이 패키지 여행 같았기 때문이 아닐까 싶다. 공부하라면 공부하고, 대학 가라면 대학 가고, 취직하라면 취직했다. 전공은 성적에 맞춰 선택했고, 직장은 월급 많이 주는 곳으로 갔다. 결혼할 때가 되어 결혼했고 남들 하듯이 아이도 얻었다. 정해진 대로, 남들 하는 대로 그렇게 살았다.

> 내가 자유 여행을 꿈꾸는 것은 정해진 대로 살아온 인생에 대한 반작용일지 모르겠다. 이젠 내 멋대로 하고 싶다는 무의식이 커질 대로 커졌기 때문일지도.

돌아보니 내게 중년의 삶이란 자신의 욕망을 거세한 채, 사회가 정해놓은 코스만 가는 여정이었다. 코스에서 벗어나면 사회의 비난뿐 아니라 엄청난 자책에 시달려야 한다. 내가 자유 여행을 꿈꾸는 것은 정해진 대로 살아온 인생에 대한 반작용일지 모르겠다. 이젠 내 멋대로 하고 싶다는 무의식이 커질 대로 커졌기 때문일지도.

우리는 즐겁게 살고 싶다고 입버릇처럼 말하지만, 막상 행동으로 옮기지는 않는다. 나는 주도적인 삶이 즐거운 인생, 행복한 인생이라 확신한다. 그런 의미에서 나는 지금 내 인생의 주도권을 회복하려는 독립운동을 하고 있다. 그중 하나가 자유여행이다.

그런데 할 수는 있을까?

신 포도인지 아닌지
일단 먹어보자

미국에 살다 귀국해 혼자 힘으로 시골에 돌집을 지었다는 분의 사연을 방송으로 접했다. 2년에 걸쳐 그 큰 집을 거의 혼자 힘으로 건축했다는 것이다. '힘들지 않았냐'는 질문에 그분은 "하고 싶던 일을 하니 힘든 줄 몰랐고 하루하루가 즐거웠다"라고 대답했다. 인생을 여행에 비유하자면, 그분은 주도적인 자유 여행을 시작한 것이다.

"당신은 하고 싶은 일을 하면서 살고 있습니까?" 만약 여러분이 이런 질문을 받는다면 뭐라고 대답할지 궁금하다. 이 질문은 UN이 전 세계 158개국을 대상으로 실시한 2015 세계행복보고서 중에서 '생애선택자유'란 항목에 해당한다. 그런데 놀랍게도 우리나라의 '생애선택자유지수'는 우리와 '행복지수'가 비슷한 다른 나라의 그것보다 상당히 낮게 나타났다.

행복지수는 일본이 46위(5.99), 한국이 47위(5.98)로 별 차이가 없다. 그런데 생애선택자유지수는 일본이 0.50인 데 비해 한국은 0.33에 불과하다. 행복지수 1위인 스위스에 비하면 절반에도 미치지 못한다. 우리나라 사람들은 자신의 자유 의지대로 살지 못하고 있다는 방증이다.

	행복지수 순위	행복지수	생애선택자유지수
스위스	1	7.59	0.67
덴마크	3	7.53	0.65
미국	15	7.12	0.55
독일	26	6.75	0.61
일본	46	5.99	0.50
한국	47	5.98	0.33

출처: UN World Happiness Report 2015

그렇다면 왜 유독 우리에게만 이런 경향이 강하게 나타날까? 한국인의 '자기관'에 대해 연구해 온 한민 교수(우송대)는 두 가지 요인에 주목한다. 바로 집단주의적 문화와 유교적 가치다. 서구사회에서는 '남과 다른 나'를 만들려는 경향이 강한 반면, 한국과 같은 집단주의 문화에서는 '남보다 나은 나'를 만들려는 경향이 강하다는 것이다.

남과 비교하는 삶이 얼마나 비참한지 내가 굳이 설명하지 않더라도 이미 충분히 알고 있을 것이다.

우리는 그렇게 길들여져 왔고 그렇게 살아왔다. 이는 우리 사회의 많은 사람들이 비슷한 문제를 안고 살아간다는 의미도 된다. 하지만 언제까지 시스템 탓만 하고 있을 수는 없고, 시스템이 바뀌기를 기다릴 수도 없다. 어차피 인생은 각자도생이다. 당장 우리의 삶을 주도적인 방향으로 바꿔 가는 것이 필요하다. 그것이 지극히 사소한 것일망정 그렇다. 우선 여러 가지 핑계와 부정적 판단 때문에 망설였던 일을 지금 당장 시작하자. 미리 "저 포도는 신 포도일 거야"라고 포기하지 말자. 달든 시든 그 포도의 맛을 보았다면 여우의 삶은 분명 달라졌을 것이다.

변화경영 사상가인 고 구본형 씨는 '두 시간 혁명'을 강조했다. 하고 싶은 일을 하며 살기 위해 하루에 두 시간을 투자하라는 것이다. 하루 두 시간이 쌓이면 인생이 변한다.

여러 가지 핑계와 부정적 판단 때문에 망설였던 일을 지금 당장 시작하자. 달든 시든 그 포도의 맛을 보았다면 여우의 삶은 분명 달라졌을 것이다.

인생 감옥에서
탈출하라

내가 제일 좋아하는 영화는 '쇼생크 탈출'이다.

나만 그런 것은 아닐 것 같다. 프레디 머큐리의 일대기를 그린 '보헤미안 랩소디'가 나오기 전까지 네이버 영화에서 수년간 1위를 차지한 것을 보면 그렇다. 영화의 원제목은 'The Shawshank Redemption'이다. 언뜻 생각하면 'Escape'를 썼을 법한데 'Redemption'을 썼다. Redemption의 사전적 의미는 구원, 속죄, 회복이다. 내가 이 영화를 좋아하는 이유와 일맥상통한다. 교도소 안이든 밖이든 세상을 살아가는 방식은 비슷하다. 영화 감독은 삶에서 스스로 구원받는 방법을 말하고 싶었던 것 같다.

교도소에 있는 죄수 중 억울하지 않은 사람은 없다. 죄수가 100

명이면 억울한 사연도 100가지다. 영화 속에서 누명을 쓰고 복역 중인 앤디는 그중에서도 더 억울할 것이다. 우리들 역시 모두 억울함을 안고 세상을 살아간다. 세상이 나를 몰라줘서 억울하고, 기회가 공평하지 않아 억울하고, 이런 운명을 타고난 내가 억울하다. 하지만 억울함에 대처하는 자세는 다양하다. 술 마시고 주사를 부릴 수도 있고, 와신상담의 심정으로 처절할 정도로 치밀하게 준비하는 사람도 있다. '쇼생크 탈출'의 주인공 앤디가 후자다.

내가 이 영화를 좋아하긴 했지만, 중년을 위한 은퇴 준비의 자료로 쓸 줄은 몰랐다. 내가 영화 얘기를 꺼내는 것은 무엇이든 준비가 좋으면 결과도 좋다는 말을 하고 싶어서다. 같은 영화를 여러 번 보다 보면 안 보이던 것이 보인다. 앤디의 19년간에 달하는 탈옥 과정이 우리의 은퇴 준비와 비슷하다는 생각도 든다. 그런 의미에서 은퇴 준비는 어떻게 해야 되는지를 5가지 팁으로 정리해보았다.

(Tip 1) 은퇴 계획은 미리미리 하자 ·────────

주인공 앤디는 19년 동안 탈옥을 준비했지만 현업(?)을 소홀히 하지 않았다. 오히려 현업을 열심히 할수록 탈옥 준비가 수월했다. 갑자기 현업을 그만두는 사람이 멋져 보이긴 하지만, 그 후유증은 크다. 현업에 충실하면서 야금야금 탈출을 준비하자.

조력자를 만들자 ─────────────

은퇴 준비에 도움을 줄 사람을 만들어야 하는데, 첫 번째 조력자는 아내가 되어야 한다. 아내와 한 배를 타야 계획의 이행이 순조롭고 가정의 평화가 지켜진다. 다음은 먼저 은퇴한 선배들과 전문가다. 요즘은 유튜브에도 좋은 내용들이 많다. 일단 은퇴 후, 멋진 삶을 살고 있는 선배에게 연락해 식사 약속을 잡자.

Tip 3) 주변 사람들과 소통하자 ─────────────

앤디는 생존을 위해, 그리고 최종 목적인 탈옥을 위해 주변 사람들과 소통했고 자신의 우호세력을 많이 확보했다. 그들로부터 얻은 많은 정보가 탈출에 도움이 되었을 것이다. 중년 이후엔 아는 것이 힘이 아니라, 아는 것이 행복이다.

Tip 4) 주도적 삶을 연습하자 ─────────────

이 영화의 명장면은 당연히 탈옥에 성공한 후, 빗속에서 포효하는 앤디의 모습이다. 그런데 나는 앤디의 친구, 레드의 이야기가 기억에 남는다. 가석방된 레드는 슈퍼마켓에서 일하는데 매번 매니저에게 '화장실에 가도 되냐'고 묻는다. 자유가 주어졌는데도 그

것이 자신의 것인지 모르고 그것을 행사할 줄도 모른다. 은퇴 전에 주도적 삶을 연습하지 않으면 은퇴했다고 갑자기 주도적으로 살아지지 않는다.

(Tip 5) **계획표를 만들자** •────────────────────────

주인공 앤디에겐 탈옥을 준비하는 그 과정 자체가 희망의 에너지이고, 슬기로운 교도소 생활의 동인이었을 것이다. 준비하고 있음의 효과는 매우 크다. 여러분도 은퇴 전에 해야 할 일들의 목록을 만들고 타임 스케줄을 만들어보라. 구체적 계획이 나오면 성공 확률은 몇 배 더 높아진다. 리스트를 만들고 준비하는 동안 이미 인생 2막은 조금 더 즐겁게 변해 가고 있는 것일 수도 있다.

60대에 해야 할 일 17가지, 미리 보기

군대에서 일병 생활을 잘하는 사람이 병장 생활까지 잘한다는 말이 있다. 50대를 잘 지내야 60대가 풍요롭고, 60대를 잘 보내야 70대를 행복하게 즐길 가능성이 높아진다. 그렇다면 본격적으로 인생 후반전이 시작되는 60대 초반에 준비할 것이 있을 터이다. 이쯤에서 고령화 선배라 할 수 있는 일본의 사례를 살펴보자.

각 세대별로 삶의 지표를 제시해온 시니어 컨설턴트 혼다 겐(本田健) 씨는 'OO대에 꼭 해 둬야 할 일 17가지 시리즈'로 유명하다. '60대에 꼭 해 둬야 할 일' 편을 보면 내가 앞에서 구구절절이 설명했던 내용들과도 겹치는 부분이 많다. 그런데 여담이지만 '50대에 꼭 해 둬야 할 것 17가지'와 '60대에 꼭 해 둬야 할 것 17가지'를 비교하면 별

차이가 없다. 만약 이 책을 50대가 읽더라도 아무 문제가 없다는 얘기다.

· 60대에 꼭 해 둬야 할 일 17가지 ·

1. 20대에 하고 싶었던 것을 실천에 옮긴다.

2. 친구 관계를 재정립한다.

3. '이 정도면 됐지(더 뭘 하겠다고?)'란 생각을 떨쳐낸다.

4. 배우자와의 관계를 다시 생각한다.

5. 일에 얽매이지 않는다.

6. 돈 때문에 너무 고민하지 않는다.

7. 나만의 취미를 갖는다.

8. 젊은 친구를 사귄다.

9. 부모님이 돌아가신 나이를 세지 않는다.

10. 여행에 적극 나선다.

11. 새로운 것을 배운다.

12. 자신에게 맞는 건강법을 찾는다.

13. 나만의 삶의 의미를 갖는다.

14. 자녀의 인생에 간섭하지 않는다.

15. 남자 됨, 또는 여자 됨의 기쁨을 잊지 않는다.

16. 미래에 투자한다.

17. 사랑을 전파한다.

17개 중에서 가장 내 눈길을 끌었던 것은 '20대에 하고 싶었던 것을 실천에 옮긴다'라는 것이었다. 20대, 너무 멀고도 그리운 시절이다. 그때의 꿈을 기억하고 그 꿈을 실현한다는 것은 내 인생에 대한 보상이고 일종의 심리 치료일 수 있다. 그중 하나라도 실천한다면 앞으로의 인생이 달라질 거란 확신이 있다.

다음으로 내 눈길을 끈 것은 '부모님이 돌아가신 나이를 세지 않는다'였다. 60대가 되면 이상하게도 자신의 부모가 언제 돌아가셨는지를 반추하고 평행이론에 근거해 우울해하거나 의기소침해지는 경우가 많다고 한다.

'나만의 삶의 의미를 찾는 것'도 중요하다. 쉽게 말해 정신 승리가 필요하다. 노후에 발생할 수 있는 부족함과 불만을 채워 주는 것이 이것이기 때문이다. 봉사를 해도 좋고 종교 생활을 해도 좋다. 젊은 시절에 하지 못했던 자연과 벗하는 삶도 좋다. 삶의 의미를 찾으면 들판의 이름 모를 들꽃으로 살아도 행복하다는 것을 꼭 알려드리고 싶다. 반대로 삶의 의미를 찾지 못하면, 강남의 100평 아파트에서 한강 뷰를 보면서 투뿔 한우 스테이크를 먹어도 불행하다.

또 '남자 됨 또는 여자 됨의 기쁨'이라는 표현이 멋지다. 중년이라고 중성인 척 행동하지는 말자. 자신의 성적 매력을 포기하지 말자는 얘기

삶의 의미를 찾지 못하면, 강남의 100평 아파트에서 한강 뷰를 보면서 투뿔 한우 스테이크를 먹어도 불행하다.

다. 물론 별일 생기지 않을 거고, 관심 갖는 사람도 없을 것이다. 하지만 가꿔야 한다. 포기하면 늙음에 가속도가 붙는다.

독일의 프리드리히실러 대학교에서 심리학을 연구하는 제니퍼 벨링티어 박사는 2018년 8월 샌프란시스코에서 열린 미국심리학회 연례회의(APA)에서 '나이보다 젊다고 느낄수록 오래 산다'는 연구 결과를 발표했다. 이어서 젊게 살기 위해서는 '삶에 대한 통제력'을 가지는 것이 중요하다고 주장했다. 9일간 진행된 실험에서 참가자들을 자신의 주관적인 나이를 매일 다르게 평가했다. 그런데 자신의 뜻대로 하루를 보냈다고 생각한 날일수록 더 젊다고 느끼는 경향이 강했다.

즉, 통제력을 가졌다고 생각하면 더 젊게 느끼고 더 많은 일을 할 수 있다고 믿는다. 그러니 60대에 할 일을 정하고 정한 원칙을 지키는 것은 매우 중요하다.

공짜는 없다. 그렇지 않은가?

자존감 보충제,
드시고 있나요?

이 책에서 동네 형 얘기를 자주 했다. 처음에는 아주 유명한 연예인이라서 그저 신기했고, 그 후론 함께 보내는 시간이 즐거웠다. 그런데 이 형에겐 신박한 재주가 있는데, 자기 자랑을 아주 지능적으로 한다는 거다. 어느 날, 함께 스크린 골프를 하던 중이었다. 느닷없이 친척이 캐나다에서 귀국했는데 오메가3와 비타민C를 많이 가져와서 며칠 먹었더니 훨씬 덜 피곤하다는 얘기를 꺼냈다. 순 뻥이다. 며칠 만에 효과가 나오는 영양제가 있을 턱이 없다. 보통 이런 말은 조금 나눠주면서 하는 건데 형은 그러지도 않았다. 뭐 내가 삐친 것은 절대 아니다.

동네 형의 기습 자랑을 듣고 집으로 돌아오던 중, 문득 '중년에겐 어떤 영양제가 필요할까'란 생각이 들었다. 남자는 외롭다. 중년 남자는 더 외롭다. 은퇴하면 고독이 무엇인지 알게 된다고 한다. 자존감 보충제, 쓸쓸함 해소제, 의욕 상승제 같은 게 있으면 얼마나 좋을까? 특히 중년 남자는 절실하게 자존감을 보충할 필요가 있다. 남이 아니라 나에게 보여주기 위해 무언가를 해야 한다. 혹자는 남자들이 바람피우는 이유가 자기 존재를 확인하고 싶기 때문이란다. 믿거나 말거나다.

나에게 자존감 보충제는 운동이다. 그중에서도 근육을 만드는 운동이다. 나이 들어 근육을 만드는 게 쉽지는 않지만 그래도 꾸준히 하면 근육이 생기기는 한다. 사람들이 보기 좋다고 해주면 자존감이 충전되는 느낌이다. 기구 운동을 하면서 팔뚝에 힘줄이 서면 흐뭇하다. 아직 죽지 않은 느낌이다.

나에겐 운동이지만 다른 사람에겐 다른 것이 자존감 보충제일 것이다. 100대 명산 등정도 좋고, 프라모델 만들기도 좋다. 자전거로 국토를 종주할 수도 있고, 외국어 자격증을 딸 수도 있다. 뭐든 성취감을 느끼면 자존감이 채워진다.

> 은퇴하면 고독이 무엇인지 알게 된다고 한다. 자존감 보충제, 쓸쓸함 해소제, 의욕 상승제 같은 게 있으면 얼마나 좋을까?.

외로움을 해소하기 위해서는 좋은 취미나 좋은 친구를 가지면 된다. 자신의 적성에 맞는 취미를 찾게 되면 좋은 친구는 저절로 따라오고, 반대로 마음에 맞는 친구를 만나면 좋은 취미를 접할 수 있다.

많이 친할 필요도 없다. 한 달에 한 번 만나도 괜찮다. 영양제를 언제든 먹을 수 있게 가까이 두듯, 친구도 가까이 있는 친구가 좋다. 먼 친척보다 가까이 있는 친구가 낫고, 멀리 있는 친한 친구보다 가까이 있는 덜 친한 친구가 나은 법이다.

눈뜨는 게 즐거워지는

조삼모사(朝三暮四)의 기술

살아온 세월이 말해주듯, 계획대로 되는 일은 많지 않다. 나도 살면서 수많은 계획을 세웠고 그중 하나라도 제대로 맞았다면 지금 이 책을 쓰고 있지 않았을 것이다. 계획을 세울 때는 100% 이루어질 것을 꿈꾸지만, 결과적으로 계획의 50%만 달성해도 좋다는 생각이다. 어느 날 맞닥뜨린 인생 2막보다, 계획했는데 반타작만 이루어진 인생 2막이 훨씬 풍요로울 것이기 때문이다.

노후 준비에서 재정적인 부분의 중요성은 부인할 수 없다. 정기예금의 이자율이 1%대이다 보니 은퇴자들의 노후 생활은 많이 불안하다. 라임 사태니 옵티머스 사태니 하는 사건들도 불안을 부추긴다. 그래서 모두들 부동산에 목을 매는지도 모르겠다. 나 역시 30년 넘게 보유했고 2년을 채 못 살았던 아파트가 재건축되어, 노후에 먹고 사는 문제가 많이 가벼워진 것이 사실이다. 우리는 집 한 채 마련하자고, 또 그 집을 좀 늘려 가자고 평생 아끼고 아끼며 살았다. 아끼는 습관, 물론 좋다. 하지만 과거의 좋은 습관이 현재엔 나쁜 습관이 될 수도 있다.

주부대학이나 지방자치단체에서 강의를 할 때, 나는 늘 '즐겁게 사시라', '돈 팍팍 쓰고 사시라'라고 권한다. 그런데 많은 분들이 '그게 잘 안 된다'라고 말한다. 나를 위해 돈을 써서는 안 된다는 아주 나쁜 (?) 습관이 남아 있기 때문이다. 그래서 돈을 쓰고 우울해지는 경험을 한다. 얼마 전 처음으로 아내와 해외 여행을 다녀왔다. 마침 여유가 좀 있어서, 면세점에서 건강 보조식품을 꽤 샀다. 그런데 정작 돈을 쓴 우리 부부는 영수증을 보고 깜짝 놀랐다. 몸에 밴 아끼는 습관이 발동한 것이다. 나는 그야말로 이 악 물고 돈 쓰는 연습을 했다고 생각한다.

돈은 있을 때 써야 한다. 아니 건강할 때 써야 한다. 그렇지 않은가?

우리는 살면서 '그때 질러야 했다'는 후회를 많이 한다. 수치가 있는 것은 아니지만 '그때 아꼈어야 했다'는 후회를 하는 사람은 훨씬 적을 것이다.

인생 후반전을 다르게 살기 위해서는 돈을 잘 써야 한다. 나는 어느 정도 돈 쓸 계획을 수립해 놓고 아내와 공유도 했다. 지출도 가성비를 따져야 한다. 조금이라도 젊을 때 돈을 쓰는 것이 돈의 가치를 높이는 일이다. 나는 70세 이전에 조금 더 즐겁게 지출하라고 권해 드린다.

생활비를 제외하고, 1년에 오백에서 천만 원 정도만 나와 아내가 좋아하는 것, 혹은 부부의 버킷 리스트를 실천하는 데 사용하는 것은 어떨까? 돈 때문에 계획을 미루지 말자는 말이다. 60부터 여행에 돈을 지출한다 해도 기껏해야 10년 동안 총 비용이 오천에서 1억 정도일 것이다. 노여워하지 마시기 바란다. 그 정도는 가능한 사람들에게 해당하는 이야기다.

우리는 살면서 '그때 질러야 했다'는 후회를 많이 한다. 수치가 있는 것은 아니지만 '그때 아꼈어야 했다'는 후회를 하는 사람은 훨씬 적을 것이다. 차라리 소고기 사먹은 것이 잘한 일이다. 그때 소고기 대신 삼겹살 먹었다고 인생이 쪼그라드는 것도 아니지 않는가? 어차피 소고기 사 먹었을 돈은 다 사라졌다. 나는 이제부터 매사를 이런 방식으로 살아볼 작정이다. 60부터는 조삼모사(朝三暮四)의 기술, 일단 땡겨 쓰는 지혜가 필요하다. 외상이라면 소도 잡아먹는다는 정신 나간 자세가 필요한 시기란 말이다.

60대에 쓰는 돈 vs.
80대에 쓰는 돈

쓸데없는 질문 하나. 돈 쓰기 가장 좋은 나이는 언제일까?

주변에도 물어보고 SNS에 올려서 의견을 구하니 대충 하나로 집약된다. 바로 '지금'이란다. 사람들은 참 현명하다. 혹시 주식 투자로 돈을 잃어본 경험이 있는가? 그때 '차라리 맛있는 거나 실컷 사먹을 걸'이라고 후회하지 않았는가? 주식으로 돈 버는 방법 중 하나가, 조금 땄을 때 바로 찾아서 이것저것 사는 것이라는 우스갯소리도 있다. 일반적으로 중년과 노후는 돈을 모으는 시기가 아니라 있는 돈을 잘 써야 하는 시기다.

우리 중년에게 '지금'이란 어떤 의미일까? 은퇴를 앞뒀거나 막 은퇴를 했고 자녀 양육의 미션도 대충 끝났다. 내 주장은 은퇴 후에는 돈을 모으기 위해 돈을 벌지는 말자는 것이다. 안다, 황당할 수 있다. 먹고살 길이 막막한데 무슨 소리냐고 하실 수도 있다. (하지만 적어도 먹고사는 문제가 시급하신 분은 이 책을 보시지 않을 것이라고 생각하기 때문이다.)

일명 '돼지 저금통'의 법칙이 있다. 모으는 놈은 계속 모으고 훔쳐가는 놈은 계속 훔쳐간다는 거다. 왜 훔쳐가느냐고? 있으니까!

단순하게 생각하자. 60대에 쓰는 돈과 80대에 쓰는 돈은 어떤 차이가 있을까? 그 생각에 따라 행동하면 된다. 80이 넘어 친구에게 밥을 사 주려 해도 친구들이 다 요양원이나 병원에 있거나 거동이 불편할 수도 있다. 지금 혹시 수입이 있어서 그 돈을 저축한다고 가정해보자. 도대체 언제 쓸 것인가? 미래를 위해 지금 아껴야 한다는 말은 맞는 말일까? 가끔 자식들에게 물려주기 위해 아낀다는 분들도 있다. 그런 분들에게 꼭 해드리고 싶은 얘기가 있다. 일명 '돼지 저금통'의 법칙이다. 모으는 놈은 계속 모으고 훔쳐가는 놈은 계속 훔쳐간다는 거다. 왜 훔쳐가느냐고? 있으니까!

살다 보면 꼭 들어맞는 말이 있는데, 돈이 모이면 꼭 쓸 일이 생긴다는 말이 그렇다. 어찌 보면 자식들은 부모의 돈 냄새를 기막히게 맡는다. 거의 강아지 수준이다. 돈을 융통할 능력까지도 귀신같이 파악한다. 자식에게 무한히 퍼 주는 것은 자식을 위해서도 바람직하지 않다. 돈의 가치를 배울 기회를 박탈하는 것이나 다름없기 때문이다.

그러니 돈이 있다면 지금 적당히 쓰자. 어쩌면 이렇게 권유하면서 나 자신도 되새김질을 하는 중인지 모르겠다. 나 역시 오랜 세월 '아껴야 잘 산다'는 잘못된 신념으로 살아온 사람 중 하나다. 그래서 매일 다짐한다. 돈은 건강할 때 써야 제맛이라고.

돈 한 번 막 쓰고 후회해 보실까요?

축구의 묘미는 역전승에 있다. 전반전까지는 무기력하게 지고 있던 팀이 후반전에 완전히 다른 작전을 들고 나와 극적인 역전승을 거두면 피가 끓는 듯한 전율이 느껴진다. 특히 A매치나 월드컵, 올림픽에서라면 그 짜릿함은 몇 배가 된다. 어느 날 축구 경기를 보다가 이런 생각이 들었다. 늘 같은 선수가 뛰는데, 전반전은 무기력하고 후반전은 펄펄 날아다니는 이유가 뭘까?

축구와 인생을 게임이라고 친다면, 둘 다 전반전이 있고 후반전이 있다. 전반전에 진 게임을 후반전에 역전할 수 있는 기회가 인생에도 있지 않을까? 여기서 중요한 것은 자원이 달라진 것이 아니라 전략이 달라졌다는 것이다. 없던 선수를 데리고 온 것이 아니라 있던 선수를 재배치했다. 있는 자원의 재배치로 극적인 역전승이 가능하다는 문장은 상당히 희망적이다.

인생 후반전도 자원을 슬기롭게 재배치함으로써 역전승할 수 있다. 여기서 역전승이란 고달프고, 책임감에 시달리고, 자기 주도적이지 않은 삶에서 벗어난다는 의미다. 그러려면 내게 어떤 자원이 있는지를 정확하게 파악해야 한다. 오래전 2002 월드컵으로 거슬러가보자. 히딩크 감독의 최대 장점은 선수들을 객관적으로 판단하는 거라고 했다. 어떤 선입견 없이 능력만으로 선수를 기용했다. 그 결과는 4강 신화로 나타났다.

나는 중년이 기회라는 말을 자주 한다. 내 주관대로 설계해볼 수 있는 마지막 기회라는 의미다. 물론 전반전과 똑같이 살아도 된다. 다만, 변화를 원한다면 내게 있는 자원을 재배치하고 중년의 시간을 재정비해야 한다. 어떤 시도를 먼저 해볼 것인지, 무엇을 먼저 버릴 것인지, 무엇을 굽힐 것인지, 내가 하고 싶은 것과 잘하는 것은 무엇인지 생각해보자.

> 자원이 달라진 것이 아니라 전략이 달라졌다. 있는 자원의 재배치로 극적인 역전승이 가능하다는 문장은 상당히 희망적이다.

'냉장고 파먹기'라는 것이 있다. 마트에 가서 새로 장을 보지 않고, 냉장고 속에 있는 재료만으로도 며칠은 먹을 수 있다. 우리 인생 후반전도 다르지 않다. 후반전을 다르게 살기 위해 새로 들여올 것은 없다. 그저 있는 것을 재배치하고 우선순위를 조정하면 된다. 섣부르게 '우리 집 냉장고엔 아무것도 없다'라고 생각하지 말자. 냉장고를 잘 살펴보면 구석에 어묵도 있고 팽이버섯도 있고 냉동 오징어도 몇 마리 있다.

너 자신을 알아야 한다. 너 자신이 무엇을 가지고 있는지 잘 살펴야 한다. 당신은 생각보다 많은 것을 가지고 있다. 그걸 당신만 모른다. 인생 2막에는 즐겁게 사는 게 성공하는 거다.

Chapter

3

인생 후반전을
별 볼 일 없게 만드는
습관들

미루는 습관,
행복도 미룬다

 아내가 골프 레슨을 받기 시작했다. 골프를 아주 못 치는 건 아니지만, 제대로 배운 적도 없고 그저 공이 앞으로 조금 나가는 정도다. 내가 가르쳐 줄 수준도 아니고 부부끼리 뭘 가르치는 행위는 하지 않는 것이 후생의 공덕을 쌓는 것이라 생각하기에 아내에게 레슨을 권했다. 며칠을 망설이던 아내는 내 한마디에 마음을 고쳐먹었다.

 "여보, 우리가 이제 뭘 미룰 나이는 아닌 것 같아. 그러니 기회 있을 때 배웁시다. 우리도 다음 겨울에는 동남아로 골프 갑시다."

 사실 이것은 나에게 하는 말이기도 하다. 미루기 대장으로 치면 아내보다 나였기 때문이다. 내가 아내에게 골프 레슨을 강권한 이유는 캐나다에서의 추억 때문이다. 캐나다는 골프 치기에 최적이다.

우선은 그린피가 매우 저렴하다. 2004년 당시에는 쿠폰을 끊으면 최저 20불 정도면 됐고, 둘이 치는 것도 가능했다. 캐디도 없고 혼자 클럽을 끌고 다니거나 카트를 타고 다니면 되니 창피할 일도 없다. 대부분이 퍼블릭이라서 아무 옷이나 입고 쳐도 된다. 우리같이 소심한 부부에게는 딱이다. 그래서 아내와 골프를 자주 즐겼더랬다.

무엇보다 이제는 더 이상 뭔가를 미룰 나이가 아니다. 그야말로 마지노선이다. 내 인생 후반전을 바꿀 수 있는 마지막 기회가 지금이다.

그런데 한국에 돌아와서는 아내와는 커녕 나도 골프 라운딩을 하지 못했다. 솔직히 그럴 여유가 없었다. 인생 후반전의 구상 중 하나가, 아내와 정기적으로 골프를 치는 것이다. 예전에도 아내에게 골프를 배우라고 했지만 아내는 썩 내켜 하지 않았다. 미안하게도 아내는 아직 그럴 때가 아니라고 생각했을 것이다.

그러다 2019년부터 조금씩 가정 경제가 좋아지기 시작했다. 아이들에게 들어갈 학비 부담이 사라지고, 강남에 있던 아파트가 재건축에 들어가는 바람에 기대수익이 상당히 높아져서 계획대로라면 노후 걱정을 상당히 덜었다. 마음의 여유가 생기니 비로소 아내와의 골프 여행이란 꿈이 소환되었다.

그런데 '소풍 가는 날 비 온다'는 말처럼 뭔가 해보려고 하자 코로나 상황이 시작되었다. 남편이 강의를 하지 못하는데 골프를 배운다는 것을 아내는 용납하지 못했을 것이다. 그리고 골프를 배우면 뭐

하겠는가? 어차피 라운딩도 못 나갈 것을. 수입이 줄어들었는데 꼭 필요하지 않은 곳에 돈을 지출한다는 것은 나의 가치관과도 맞지 않는 일이다. 그런데 죄송한 표현이지만 나이 들고 보니 생각이 변한다. 그러면 도대체 언제 맘 편히 골프를 칠 수 있단 말인가?

그래, 몇 년 후에 내가 부자가 된다고 치자. 그때 나는 몇 살인가? 막상 부자가 되었는데 다른 일이 생기지 말라는 보장도 없다. 내가 예전에 골프를 배우지 않아서 지금 큰부자가 된 것도 아니다. 소고기 대신 삼겹살 먹어서 얼마나 형편이 더 나아졌던가. 무엇보다 이제는 더 이상 뭔가를 미룰 나이가 아니다. 그야말로 마지노선이다. 내 인생 후반전을 바꿀 수 있는 마지막 기회가 지금이다.

그동안 TV나 유튜브를 보면서 혼자 골프 연습을 하던 아내가 오늘 첫 레슨을 받고 왔다. 레슨을 받아보니 어땠냐고 슬쩍 물었다. 아내는 '이제껏 제대로 하는 게 하나도 없었다는 사실에 창피했다'고 투덜댔지만 기분은 꽤 좋아 보였다. 아내의 표정을 보고 결심했다. 이제는 미루지 않겠다고. 이미 결심했지만 더, 더, 더 경험주의자로 살기로 했다. 해보고 싶은 것 다 해보고 죽기로 했다. '잘해야 한다'는 고정관념은 우리에게 '잘할 자신이 없으면 시작도 하지 말라'는 편협한 사고를 주입했다. 하지만 아무리 생각해봐도 내 나이는 잘하는 것보다 하는 것 자체를 즐기는 시기다.

생각은 변해야 한다. 그래야 다르게 살아 보기가 수월해진다. 궁즉통이란 말이 있다. 목마른 사람이 우물을 판다. 나는 궁하다, 그리고 목마르다. 자꾸 내일로 미루면 다르게 살아보겠다는 결심도 공염불에 그치고 말 것이다. 나는 미루지 않는 연습을 하고 있다. 미루는 습관을 버리기 위해 부단히 노력하고 있다는 말이다. 할까 말까 망설여질 때는 무조건 하는 쪽으로 결정한다. 미루다 보면 행복도 미뤄지게 되니까.

내친 김에 92세 할머니가 알려주는 인생 교훈을 소개한다. 살아보니 진짜 어르신들 말씀이 다 맞더라. 코피 터지게 놀아야겠다.

야야, 너 늙으면 젤루 억울한 게 뭔지 아니?

주름? 아녀.

돈? 그거 좋지. 근데 그것도 아녀.

이 할미가 진짜 억울한 건

나는 언제 한번 놀아 보나?

그것만 보고 살았는데

지랄, 이제 좀 놀아볼라 치니 다 늙어버렸네.

야야, 나는

마지막에 웃는 놈이 좋은 인생인 줄 알았는데

근데 자주 웃는 놈이 좋은 인생이었어.

젊은 사람들 말맹키로

타이밍인 것이여.

인생 너무 아끼고 살진 말어.

꽃놀이도 꼬박 꼬박 댕기고

이제 보니 웃는 것은

미루면 돈처럼 쌓이는 것이 아니라

더 사라지더라.

(*인터넷 자료 인용)

돈은 땡겨 쓰고,
높은 수익률은 멀리하라

은퇴하면 가장 많이 사기 당하는 직업이 있다고 한다. 1위는 군인, 2위는 교사, 3위는 경찰, 4위는 공무원, 5위는 방송인(혹은 연예인)과 운동선수란다. 근거가 있는지는 모르겠지만, 비교적 안정적으로 오랫동안 한 곳에서만 근무하는 직업들이다. 원래 사기치기 제일 좋은 부류가 자기 똑똑한 줄 아는 사람들이다. 저 사람들 대부분이 똑똑한 사람들인 건 맞다. 그러나 그 '똑똑'과 퇴직 후의 '똑똑'은 좀 다르다는 게 문제다.

얼마 전 친구와 식사를 하다가 고등학교 선배 이야기가 나왔다. 평생 제조업을 하다가 나이가 드니 좀 편하게 살고 싶어서 회사를 비싼 가격에 매각했다고 한다. 그런데 공장 매각 대금 중 40억을 증권사에 근무하는 후배에게 맡겼는데, 그 돈이 반토막 났다는 것이다. 그냥 은행 예금을 하든지, 건물을 하나 사고 소액으로 직접 주식투자를 하든지 하시지 왜 그랬냐고 물었더니 그걸 몰랐다는 것이다. 그 선배는 회사를 크게 운영했고, 회사의 매각 대금이 수백 억이 될 정도로 똑똑한 선배였지만 은퇴 후엔 안 똑똑한 행동을 했다.

동창들 사이에서도 갑자기 나타난 동기가 동창회 활동을 열심히 하면 나중에 꼭 피해자가 생긴다는 '동창회 사기의 법칙'이 있다. 내가 속한 고등학교 동기 모임에서도 두세 건은 되니, 알려지지 않은 것까지 하면 얼마가 될지 모른다. 사실 나도 동창회에서 큰돈은 아니지만 목돈을 떼일 뻔한 적이 있다. 다행히 회수를 했지만, 다른 친한 친구는 비록 소액이지만 끝내 회수하지 못했다. 또 높은 이자를 준다는 말에 억 단위의 돈을 빌려준 후 원금도 받지 못한 경우도 있다. 두 사람 모두 나하고 친한 사람들이다.

대부분의 사기꾼들은 꼭 갚는다고 한다. 다만 이 핑계 저 핑계로 미룬다. 각서? 100장 받아도 다 소용없다. 집 저당? 순위가 저세상 뒤쪽이거나 설정 비용이 더 든다. 확 집 어넣어 버린다고? 그러면 확실하게 못 받는다. 이런 사정을 사기꾼들이 더 잘 안다. 나도 10년 전쯤 2천만 원을 야금야금 뜯겼는데, 지금까지 천만 원을 회수하지 못했다.

노인을 위한 금융상품은 없다. 그냥 내 돈 빼서 사는 게 최고다. 나에게 오는 좋은 기회는 99.99999% 사기다.

시간이 지나면 사람들은 지친다. 잊어버리고 사는 게 내 정신 건강에 좋다는 생각도 든다.

사기치는 사람들의 수법은 거기서 거긴데, 같은 수법에 당하는 새로운 호구들이 끝없이 등장한다. 그들은 말해줘도 자기는 그렇게 쉽게 당하지 않는 사람이라고 자신한다. 꼭 당해봐야 정신을 차린다. 세간에 '고생 총량의 법칙'이란 말이 있는데, 이에 빗대 표현하자면 '사기 총량의 법칙'이란 것도 있을 것 같다. 인생 전반전에 사기를 많이 당했으면, 인생 후반전에는 사기를 당할 일이 적어질 것이다. 꼭 사기 당할 돈이 없기 때문만은 아니다.

반대로 인생 전반전을 곱게 살았다면 후반전이 위험하다. 그럴듯하지 않은가? 다행히 나는 인생 전반전에 온갖 고생과 더불어 사기도 몇 번 당했다. 그래서 이제는 아무리 친한 사이에도 돈 거래는 하지 않는다. 뭐 돈을 빌려줄 형편도 못 된다. 그리고 높은 이자를 준다는 말, 너에게만 알려 준다는 정보도 믿지 않는다. 세상의 모든 사기는 대부분 믿을 만한 사람들로부터 시작된다는 사실을 잊지 말자.

최근 문제가 되고 있는 옵티머스, 라임 펀드 사태에 수억 원을 물린 지인이 있다. 문제는 은행에서 믿고 가입한 상품에 사기를 당했다는 것이다. 예전부터 해온 생각이지만 노인을 위한 금융상품은 없다. 그냥 내 돈 빼서 사는 게 최고다. 이자만으로 살고 싶은 마음 너무 잘 안다. 그러나 그런 시대는 지나갔다. 혹시 그런 상품이 있어도 내 차례까지 오지 않는다. 나에게 오는 좋은 기회는 99.99999% 사기다.

그러면 안전하게 부동산에 투자하는 것은 어떨까? 집을 여러 채 구입해 임대수익으로 생활한다는 것은 환상적인 노후 대책이지만 정부 시책에 따라 골칫덩어리가 될 가능성이 높다. 건물을 구입하는 것은 좋다. 그럴 때는 진짜 전문가 2인 이상과 의논하고 변호사에게 자문을 받고 실행하는 게 좋겠다. 그런데 큰 건물을 구입하고 전문가와 상의할 여력이 있는 사람은 사기를 당할 가능성도 희박하다. 이상하게도 사기는 간당간당, 빠듯빠듯한 사람들에게 찾아온다. 부족하다는 심리와 간절함이 미끼를 덥석 물게 만드는 것 같다.

상가도 조심해야 한다. 온라인의 활성화로 과거만큼 수익을 낼 가능성이 없다. 특히 신규 상가 분양을 조심해야 한다. 월세가 2백만 원 나온다는 상가를 분양받은 지인이 있었다. 그런데 1년이 지나서 계약 갱신을 하려니, 세입자는 임대 기간 2년 중 1년은 임대료가 무료인 조건으로 월세 계약을 했다고 한다. 실제 임대료는 월 2백이 아니라 1백이었던 셈이다. 지인은 계산상 약 2억을 손해 보게 되었다. 2억이면 아껴 쓸 경우 노후 10년 이상의 생활비로 쓸 수 있을 만한 큰돈이다.

돈이 전부는 아니지만, 나이 들수록 돈이 전부인 상황이 전개된다. 이렇게 피 같은 돈을 훔쳐가는 도둑들은 정말이지 나쁜 놈들이다. 그들은 돈을 훔쳐가지만, 누군가는 자신의 노후와 인생이 송두리째 날아가는 것이다. 나는 이런 노후 도둑에 당하게 되는 근본적 이유는 욕심과 무지라고 생각한다. 그래서 공부해야 하고 사회 문제에도 관심을 가져야 한다.

일단 사기를 당하면 다르게 살아보기 같은 것은 존재하지 않는다. 중년의 삶이 천국에서 지옥으로 변하는 것은 한순간이다. 지옥으로 향하는 문은 넓고, 유혹하는 말은 달콤하다. 지옥 문은 우리 주변에 널려 있다는 말이다.

50대부터 알아야 할
중년 사기 유형 보고서

중년에는 조심할 것이 정말 많다. 일단 건강이고, 다음이 여자이고, 다음이 친구 혹은 지인이다. 중년에 당하는 사기는 친구나 지인에서 시작되기 때문이다. 사기꾼들은 곳곳에 함정을 파놓고 누구든지 걸려들기만을 기다린다. 사기 당하는 것에 시기를 따질 수는 없지만, 특히 중년이나 노년에 당하는 사기는 치명적이다. 만회할 시간이 없기 때문이다. 앞에서도 밝혔지만, 사기의 시작점은 '사기꾼'이 아니라 '욕심'이다.

아프리카 정글에서 사자는 물가를 지키고 있다. 모든 초식동물이 물을 먹으러 몰려들기 때문이다. 사기를 당하는 구조도 비슷하다. 노후에 대한 불안과 원금은 건드리지 않고 이자로만 살고 싶다는 욕심, 그리고 요행을 바라는 마음이 사자가 기다리는 물가로 향하게 한다. 그렇다면 사기를 당하지 않을 방법이 있을까? 물론 있다. 아무도 믿지 않고, 아무것에도 투자하지 않으면 된다. 나를 욕할지 모르겠지만 내 경험으로는 내 말이 맞다. 다만 실천이 어려울 뿐이다.

영화 '대부'에는 이런 대사가 나온다. "제일 먼저 협상을 권유하는 자가 있다면 그가 배신자다." 이 말에 대입해보자면, 고수익을 말하거나 이유 없이 미안할 정도로 과하게 잘해준다면 그놈이 바로 사기꾼이다. 말이 나온 김에 사기의 유형을 정리해보았다. 물론 엉성하다. 하지만 일종의 사기 예방 학습은 될 수 있으니 재미 삼아 일독하시길 권한다.

토지 관련 사기
○ 기획 부동산.
○ 개발 호재: 쓸모없는 땅을 비싼 가격에 넘기는 수법.

상가 관련 사기
○ 상가 침체: 상가 분양 후 임대가 되지 않아서 임대수익은 없고 관리비만 나감. 상권이 좋은 곳도 빈 상가가 늘어나고 있음.
○ 이중 분양: 상가 하나를 중복 분양 후 잠적.
○ 월세 조작.

투자 관련 사기

○ 수익형 호텔: 예상 수익을 과대포장.

○ 필리핀 정글의 금괴: 일본군이 매장한 금괴를 발굴하는 것에 투자하면 고수익을 얻을 수 있다 함. 누가 당할까 싶지만 이와 비슷한 유형의 사기는 꽤 많음.

○ 가상화폐: 대부분은 고수익을 미끼로 함. 가상화폐는 시류에 따라 여러가지로 바뀜. 미국채권, 구화폐, 대통령 비자금 등등.

도박 사기

○ 내기 골프: 10억대 땅을 날린 사람도 본 적 있음.

○ 사기 도박단: 걸리면 100% 패가망신한다고 함.

SNS 관련 사기

○ 보이스 피싱: 누가 당할까 싶지만 매일 발생.

○ 급전 대출 사기: 서민이나 돈이 급한 사람을 대상으로 함.

○ 로맨스캠: 외국인(주로 미군) 사칭 사기. SNS로 친분을 쌓은 뒤 금전 갈취. 의외로 주변에서 많이 당함. 미군이나 글로벌한 인물들이 친구를 신청하면 99.9999% 사기임.

○ 나이지리아 메일 사기: 영어를 못 해야 함. 주변에 15억 뜯긴 사람도 있음. 지금도 계속 뜯기고 있지만 다른 사람들의 말을 안 들어먹는 것이 특징.

명의 사기

○ 바지 사장: 법인에 사장으로 등록한 후, 회사의 부채를 뒤집어 씀. 주변에 실제 피해자 있음.

○ 대출 명의: 대출 시 이름을 빌려주었는데 대출 발생 후 일당 잠적.

○ 렌터카 명의: 본인 명의로 고급 차를 구입한 후 팔아 버림.

금융 사기

○ 펀드 불완전 판매: 은행이나 증권사에서도 불완전 판매가 이루어지므로 금융 공부를 해야 할 필요.

○ 주식 허위 정보: 허위 정보를 제공해 높은 가격에 주식을 넘김. 혹은 투자 대행을 미끼로 금전을 갈취하고 잠적.

지인 사기

○ 친구(지인)의 투자 권유: 끝이 좋은 경우가 거의 없음.

○ 동창회: 갑자기 나타난 성공한 동창에게 많이 털림.

○ 다단계: 일단 주의할 필요 있음.

개인적 경험과 상식 그리고 신문기사를 참고해 개략적으로 분류해보았다. 그럼에도 그 종류가 정말 많다는 사실에 다시 한 번 놀라게 된다. 나는 젊은 시절 사기를 여러 번 당해본 경험으로 나름의 대비책을 갖고 있어, 그나마 당할 가능성이 낮은 편이다. 그런데, 그런 대비책이 없더라도 사기를 당하지 않을 특단의 대책이 있다. 게다가 아주 간단하다. 바로 '아내와 상의하는 것'이다.

내가 당한 사기들은 모두 나 혼자 결정한 것들이다. 만약 아내와 상의했다면 당하지 않았을 것이 확실하다. 간단하지만 매우 효과적인 방법이다. 물론 예외는 있다.

직접 목격한
중년을 노리는 사기 3가지

◉ 시나리오 하나

좋은 집에 살고, 좋은 차 타고, 돈 잘 쓰는 친구가 있다. 관심을 보인다 싶으면 넌지시 너에게만 알려주겠다는 식으로 투자를 권유한다. 그러면서 꼭 덧붙이는 말이 있다. 아무에게도 말하지 말라고. 순진한 당신은 그 약속을 지킬 것이다. 그렇게 당신은 고립된다. 물론 초기 투자는 약속대로 수익이 발생한다. 그렇게 점차 투자금을 늘려가다가 어느 날 수익이 끊어진다.

당신은 뭔가 잘못되었다는 사실을 눈치 채지만, 원금을 회수하기 위해 또다시 돈을 집어넣는 일을 하게 된다. 더 미칠 것 같은 일은 그 사기꾼이 눈앞에서는 해결하려고 노력하는 모습을 보인다는 거다. 하지만 이 시나리오의 결말은 정해져 있다. 사기꾼이 감옥에 가는 것이다. 당신은 곧 돈은 영원히 회수되지 않는다는 사실을 깨닫는다.

◉ 시나리오 둘

어느 날 신문 광고가 눈에 들어온다. 1억이면 관광지에 있는 호텔 객실의 주인이 될 수 있다고 한다. 게다가 객실을 운영해 발생한 수익금을 배당해주는데 수익률이 연 10%라고 한다. 게다가 1억을 투자하면 5년 확정, 2억을 투자하면 무려 10년 확정이다. 호기심에 사무실을 찾아가보니 삐까번쩍하다. 객실이 몇 개 남지 않았으니 서둘러야 한다고 재촉한다. 옆을 보니 객실 3개를 계약하는 사람도 있다. 사무실의 대형 TV엔 유명 연예인을 모델로 쓴 홍보 동영상이 나오고 있다. 곰곰 생각해보니 수익률이 반만 나와도 남는 장사다. 게다가 등기까지 해준다고 한다. 은행에서 1억을 빌려 2억을 투자하기로 한다. 이제 호텔이 완공되기만 하면 나의 노후는 파라다이스다. 과연 그럴까?

공사가 중단되는 경우는 허다하고, 그걸로 끝이라고 보면 된다. 다행히 완공이 되어 영업을 한다 해도 코로나19 같은 돌발변수가 생기면 휘청거린다. 빠듯한 운영자금으로 운영하는데 한두 달 돈이 돌지 않으면 고정비 지출이 발목을 잡는다. 호텔은 돌아가는데 수익 배당은 뒷전이다. 밀린 전기료, 공사대금, 직원들 급여를 감당하기도 벅차다. 공사업체들은 매일 호텔 앞에서 확성기를 틀고 시위를 한다. 겨우겨우 돌아가다가 결국 문을 닫고 경매에 들어간다. 경매 절차는 몇 년 걸린다. 그동안 은행에서 빌린 돈 1억의 이자도 부담해야 한다. 호텔은 주인이 바뀐다. 순간의 선택으로 노후생활이 지옥으로 바뀌는 순간이다.

◉ 시나리오 셋

지점장으로 정년퇴직을 한다. 우연히 알게 된 지인(혹은 친구)이 자신의 회사에 임원으로 출근해 달라고 한다. 고객관리만 좀 하고 가끔 골프만 쳐주면 된다는 것이다. 일명 VIP 고객관리를 해줄 사람이 필요한데 격에 맞는 사람이 없던 차에 지점장님이 그 레벨이라고 치켜세운다. 집에서 노는 것도 답답하고 손해 볼 것도 없다 싶어 출근하기로 한다. 사무실도 제법 멋지다. 몇 달은 대우가 좋다.

그러다 어느 날 회사에 갑자기 문제가 생겨 그러니 2천만 원만 융통해 달라고 한다. 이자도 준다고 한다. 그동안 받은 월급도 있으니 2천만 원을 빌려준다. 역시 이자가 잘 들어온다. 게다가 곧 원금을 상환한다. 얼마 안 있어 융통해 달라는 금액이 조금씩 커진다. 계속 원금 상환을 잘해준다. 믿을 만하다는 생각이 든다. 어느 날 회사가 더 힘들어진다. 이렇게 돈이 자꾸 들어가는데 원금 상환이 안 된다. 원금을 회수하려면 돈을 더 빌려줘야 한다. 그러다 어느 날 사무실이 없어진다.

주변에서 듣거나 실제 본 사례 세 가지를 토대로 사기 시나리오를 만들어보았다. 물론 극히 일부의 사례다. 하지만 중년의 사기는 치명적이므로 경각심을 가져야 한다는 의미에서 알려드리는 것이다. 이러한 사기에는 공통점이 있다. 무조건 지인이 끼고, 고수익을 약속한다. 처음엔 밑질 것이 없는 좋은 조건으로 시작해 점점 금액을 늘려간다. 사기꾼이 오히려 투자하지 말라고 권유하기도 한다. 이런 사기의 공통점을 토대로 김대현식 사기 방지 십계명을 만들어보았다. 참고하시기 바란다.

· 사기 방지 십계명 ·

1. 나에게 온 정보는 정보가 아니다.
2. 그렇게 좋은 투자는 내 차례까지 오지 않는다.
3. 세상에 공짜는 없다.
4. 친구, 지인과 금전 거래는 하지 않는다.
5. 금융 공부를 꾸준히 한다.
6. 아내와 정보를 공유한다.
7. 일확천금을 노리는 것은 로또만으로 충분하다.
8. 과도한 친절을 의심하라.
9. '고수익'이란 말은 '사기'라고 해석한다.
10. 의심되는 순간 멈춰라.

흘리지 말고
풍기지도 말자

사람은 누구나 자신만의 체취가 있다. 좋은 말로 체취이지 다른 말로 악취다. 특히 남자에게 해당되는 말이다. 남자, 아니 인간은 나이 들수록 좋지 않은 냄새가 날 가능성이 크다. 나이 들면 담배를 피우지 않아야 하는 이유 중 하나도 옷과 피부에 밴 냄새가 타인을 불쾌하게 만들기 때문이다. 일명 '쩔은' 냄새다.

얼마 전 지방에서 서울로 향하는 KTX 안에서 일어난 일이다. 앞자리의 남자에게서 담배 냄새가 심하게 났다. 하루에 서너 갑 이상을 피워야 나는 냄새의 경지다. 방금 피운 담배 한두 대로 나는 냄새는 아니다. 문제는 정작 자기는 모른다는 것이다. 열차라서 문을 열수도 없고, 담배를 왜 그렇게 많이 피웠냐고 항의할 일도 아니다. 나는 내 코에 향수를 살짝 바르는 방법을 택했다.

담배를 피우지 않는 경우에도 냄새가 난다. 옷을 제대로 세탁하지 않았을 경우 혹은 샤워를 자주 하지 않았을 경우다. 하지만 자신의 냄새를 못 맡는다는 것이 함정이다. 예전에 함께 일했던 남자 강사의 경우가 그랬다. 자기는 모르는데 냄새 난다고 말해주기가 어려웠다. 그래서 늘 껌을 씹으라고 권했던 기억이 난다. 문제는 나도 냄새가 날 수 있다는 것이다. 물론 강사 생활을 오래 해서 강의 전에 양치와 가글, 향수를 뿌리는 루틴을 오래전부터 유지하고는 있다. 지금도 조심스러운 자리에 가면 향이 강한 스킨을 사용하기도 한다.

유독 남자들이 냄새 때문에 곤란한 경우를 겪는 것은 호르몬 때문이다. 아내들은 보통 남편들에게 자주 씻으라고 한다. 예전엔 나도 그런 소리를 자주 들었다. 물론 지금은 아니다. 냄새 난다는 구박이 싫어 자주 씻기 때문이다. 이제 냄새 난다는 소리는 하지 않는다. 그냥 '꼴 보기 싫다'는 말만 자주 한다. 내가 중년 남자의 멋내기를 주제로 유튜브를 한다고 하자, 아는 여자 변호사가 한마디 했다. "잘 씻기나 하라고 하세요."

처음에는 좀 뜨악했는데, 사실 그 변호사의 쎈(?) 말을 부정하기 힘들다. 냄새는 우리가 신경 쓴 모든 피부관리, 비싼 의상을 한 방에 쓰레기로 만들어 버린다. 인간의 모든

> 냄새는 우리가 신경 쓴 모든 피부관리, 비싼 의상을 한 방에 쓰레기로 만들어 버린다. 인간의 모든 이미지를 한 방에 바꾸는 이미지 체인저다.

215

이미지를 한 방에 바꿀 수 있는 이미지 체인저다. 특히 중년 남자의 냄새 관리는 매우 중요하다. 자주 씻고, 자주 세탁하고, 자주 양치하고, 가급적 흡연을 자제하는 것이 남을 배려하는 것이다.

잘 씻지 않는 데다 담배까지 피우면 '냄새나는 남자'라는 말을 인정해야 한다. 게다가 화장실을 조심스럽게 사용하지 않는 습관이 냄새를 유발하기도 한다. 온 집안을 찐한 남자의 냄새로 채우는 중년 남자에게 돌아오는 것은 핀잔과 무시일 것이다.

중년 남자에게 가장 필요한 자기 관리는 냄새 관리일지도 모르겠다. 어지간히 친한 사이가 아니면 냄새 난다고 말해주기도 어렵다. 아예 주변에 아무도 오지 않을 수도 있다. 냄새의 기억은 의외로 오래간다. 그러니 조금 슬픈 이야기지만 흘리지도 말고 풍기지도 말자. 그래야 좀 더 수월하게 세상과 소통할 수 있다.

인생 후반전이 힘들어지는
중년의 유형

    2차 세계대전의 전세를 뒤집는 계기가 되었던 노르망디 상륙 작전 당시, 연합군 사령관이었던 아이젠하워는 상륙 작전을 기다리는 어린 장병들에게 멋진 연설을 했다. "세계를 구하는 일에 용기를 갖고 싸워 이기자. 모두 살아서 집으로 돌아가길 바란다." 하지만 단상에서 내려온 그는 부하들에게 '내일 저들의 절반은 전사할 것임을 알기에 연설을 하는 것이 매우 힘들었다'고 토로했다는 일화가 전해진다.

    나는 우리 중년 남자들 모두가 행복하기를 원하지만, 모두가 행복한 삶을 살기는 현실적으로 어려울 것이다. 노인 빈곤 인구가 증가하고, 고독사하거나 자살하는 노인들이 늘고 있다. 우리 모두는 늘어난 수명을 감당하기 어렵고 모두 요양원에서 생을 마칠 확률이 높다. 본인이나 배우자가 병에 걸린 경우, 더구나 보험 같은 대비책이 없다면 삶은 더 고통스러울 것이다. 은퇴 후 가족 간 불화가 심해질 수도 있다. 아무 준비 없이 자영업에 뛰어들었다가 퇴직금을 날리고 빚까지 진 경우도 생길 것이다. 보증으로 재산을 날리는 사람도 있을 것이다. 과도한 주식 투자와 다단계에 빠지는 사람은 왜 없겠는가?

이 중 마지막 경우가 가장 염려되는 부분이다. 직장 생활을 하다 보면, 자신이 그 조직에서 제일 잘나가는 사람이라고 착각하는 경향이 있다. 직장을 그만두었다고 그 우쭐함이 금방 사라지는 것이 아니다. 동물의 왕국을 보면, 까불고 방심하다가 다른 동물들에게 잡아먹히는 경우를 본다. 사자는 치밀하게 전략을 수립하고 사냥에 나선다. 사기꾼은 항상 나보다 고수다. 하지만 머리 좋고 치밀한 사기꾼에게서 벗어날 방법은 있다. '세상에 공짜는 없다'라는 주문을 외는 것이다.

요즘 주식시장이 뜨겁다. 나도 4년 후쯤 주식을 해보려고 한다. 지금 조금씩 공부를 하는 중이다. 배당수익과 투자수익을 구분하여 목표 수익률을 정하고 기계적으로 투자해볼 생각이다. 아무래도 대형주나 안전한 주식을 선호하게 될 것이다. 그동안 주식 투자로 지불한 수업료의 대가다. 그리고 이번에는 아내에게 허락을 구하고 주식 투자를 할 생각이고, 거기다 한도를 정해놓을 것이다. 아내가 호시탐탐 감시할 것이므로 일종의 제어장치는 마련한 셈이다.

퇴직을 하면 정글로 들어가는 것과 다름없다. 당신의 퇴직금을 노리는 맹수들이 도처에 널려 있다. 뜨는 프랜차이즈, 편의점, 치킨집 그리고 주변 지인들까지 달콤한 말로 유혹한다. 그래서 선배들이 꼭 아내와 상의하라고 하는 것이다. 일반적으로 여자들은 남자보다 촉이 뛰어난 편이다. 아내들은 보통 자영업은 안 했으면 한다. 내가 쉽게 시작할 수 있는 것은 남도 쉽게 시작하기 때문이다. 자영업 성공률이 얼마나 되는지 살펴보면 저절로 몸을 사리게 된다. 혹여 잘된다 하더라도 삶의 질이 형편없이 떨어진다. 이럴 때는 가늘고 길게 가는 전략을 택해야 한다.

자영업을 해도, 취업을 해도 더러운 꼴을 봐야 한다. 영업 이익율이 최저임금보다 못한 자영업자들이 사방 천지에 널려 있다. 그러니 할 수만 있다면 취업을 해서 세상 경험을 더 해보는 것이 좋다. 문제는 양질의 일자리가 없다는 것이다. 이럴 때 늘 하는 말이지만, 정부 지원 프로그램의 도움을 받는 것도 방법이다.

> 사기꾼은 항상 나보다 고수다. 하지만 머리 좋고 치밀한 사기꾼에서 벗어날 방법은 있다. '세상에 공짜는 없다'라는 주문을 외는 것이다.

은퇴하기 전에, 이미 은퇴한 선배님들과 속 터놓고 얘기를 나눠보는 것도 좋다. 비싼 수업료를 내고 터득한 것을 소주 한잔에 얻을 수 있다. 그런데 이 책을 읽고 있는 당신은 그 선배의 말이나 내 말을 듣지 않을 확률이 꽤 높다. 나를 포함해 모든 사람들이 꼭 당한 다음에야 깨닫는다. 나는 그게 모두 착각 때문이라고 생각한다. 다음 질

문은 은퇴한 남자를 불행으로 밀어넣는 착각들이다. OX로 답해보기
바란다.

1. 나는 아직 능력이 있다.

2. 은퇴 후에도 인간관계에는 변함이 없을 것이다.

3. 아내는 나와 시간을 보내는 것을 좋아한다.

4. 나는 비교적 사고가 유연한 사람이다.

5. 나의 생각은 비교적 합리적이다.

6. 나는 다른 사람과 다르다.

7. 뭔가 될 것 같은 느낌이 자주 든다.

이 질문에 O가 5개 이상이면 아무것도 하지 마시기를 간절히 충
고드린다. 4개 이상이라면 절대 사업을 하지 말고 취업 쪽을 알아보
시기 바란다. 3개 이상이면 우선 1년간 쉬고, 1년 뒤에 이 책을 다시
보시길 바란다. 마인드 조절 능력이 있는 분이므로 신중하게 접근하
면 실패 가능성을 줄일 수 있다. 만약 2개라면 자영업이나 사업 아이
템을 선정하고 1년간 배우는 시간을 가진 후 시작하시라. 비교적 객
관적인 사람일 가능성이 높다. 그런데, O가 1개라면 당신은 너무 소
심한 사람이다. 지금 필요한 것은 사업이 아니라 자존감 회복과 인
간관계 복원이다.

이상은 믿거나 말거나, 재미로 해보는 테스트다. 그러나 속내는

가급적이면 무엇에 쫓기듯 자영업이나 사업에 뛰어들지 마셨으면 하는 것이다. 한마디로 인생 후반전을 불행하게 만들 가능성이 높은 위험한 착각에서 빨리 벗어나야 한다.

난 70세에
시니어 모델이 될 거다

내 나이 70세에 나는 어떤 모습이고 싶나? 잠시 생각해 보아도 구체적인 모습이 떠오르진 않는다. 그래서 질문을 바꾸어본다. 나는 70세에 어떤 모습이 아니기를 바라는가? 오히려 이 질문에 대한 대답이 쉽다.

할 일 없이 시간만 죽이는 뒷방 늙은이가 되고 싶지 않다.

아침에 일어나기 싫은 인생이고 싶지 않다.

할 일 없이 TV만 보면서 시간을 죽이고 싶지 않다.

고집불통 꼰대라고 손가락질 받고 싶지 않다.

자녀의 행복이 나의 행복이라고 생각하며 살고 싶지 않다.

아내에게 용돈 타서 쓰는 삶을 살고 싶지 않다.

스스로를 인생 퇴물로 인식하고 싶지 않다.

(죄송한 이야기지만) 아파트 경비원으로 살고 싶지 않다.

이렇게 내가 원하지 않는 삶을 떠올려 보니, 인생의 가장 아름다운 시기가 65세부터 75세라고 했던 김형석 교수님의 말이 떠오른다. 나는 그 말을 증명해 보이는 삶을 살고 싶다. 10년 전 내가 되고 싶었던 삶에 현재 어느 정도 접근했는지 생각해보니, 대략 절반쯤 다가간 것 같다. 그래서 10년 후인 70세에 이루고 싶은 모습을 상상해 보기로 했다. 이 중 절반만 이루어져도 엄청난 것이다. 그렇지 않은가?

• 10년 후에 이루고 싶은 일 •

70세 기념 아내와의 크루즈 여행(유럽 혹은 아메리카)

70세 기념 생애 10번째 책(현재 6권)

70세에 연간 50회 강의

70세에 실버 모델 도전(롤 모델은 중국의 왕대순)

70세에도 방송 출연하기

70세까지 시골이나 변두리에 나만의 작업공간 만들기

70세에도 계속해서 건강한 몸 만들기

70세에 인생 상담소 운영하기

70세까지 사교댄스 하나 마스터하기

리스트 자체가 의외로 소박하다. 70세에 뭔가를 꿈꾼다는 것 자체를 스스로 부정했다고 생각하니 조금 씁쓸하다.

10가지를 채우려 했는데 쉽지 않다. 고치고 또 고쳤다. 그래도 마지막 하나가 떠오르지 않아 우선 9가지만 적었다. 이게 왜 쉽지 않은 건지 모르겠다. 참 신기하면서 뭔가 오그라드는 느낌이다. 여러분도 해보면 알겠지만, 70세의 버킷 리스트를 적는 것 자체가 어렵고 당황스럽다. 그리고 리스트 자체가 의외로 소박하다. 70세에 뭔가를 꿈꾼다는 것 자체를 스스로 부정했다고 생각하니 조금 씁쓸하다. 막연히 돈 걱정, 건강 걱정 없었으면 하는 바람만 있었지 구체적인 목표가 없었던 것이다. 나이 들면 근육이 줄어들듯이 하고 싶은 일도 줄어드나 싶다. 그럼에도, 우리는 꿈꾸어야 한다. 그러면 참 이상하게도 지금 이 순간이 더 소중해진다.

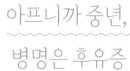

아프니까 중년,
병명은 후유증

'아프니까 청춘이다'보다 많이 패러디 된 책 제목은 없을 듯하다.
그중 '아프니까 중년이다'도 있다. 아픈 줄 모르고 살았는데, 멈추니
까 많이 아프다. 청춘의 아픔과 중년의 아픔은 다르다. 전자가 성장
통이라면 후자는 후유증이다. 가족을 위해, 성공을 위해 앞만 보고
달릴 때는 몰랐는데 막상 경주가 끝나 가니 여기저기 쑤시고 마음까
지 욱신거린다. 자존심 같은 건 제쳐두고 정말 으스러져라 일했다.
그런 것쯤은 시간이 지나면 사라질 줄 알았는데, 중년이 되니 다친
마음의 후유증이 고개를 든다.

그 후유증의 첫 번째 증상은 무력감이다. 열심히 일했지만, 여건
이 안 되어 노후 준비는 전혀 되어 있지 않다. 자녀들이 독립하지 않

225

았거나, 독립을 해도 독립인지 독립 아닌지 헷갈리는 상태라면 중년은 영원히 쉬지 못한다. 아울러 자신의 능력 부족까지 자책하며 끝없는 무력감에 시달린다.

두 번째 증상은 자신이 걸어온 길에 대한 의심증, 즉 자기 부정이다. 열심히 일했지만 손에 쥔 것이 별로 없다. 아무리 찾아도 보람과 의미 따위가 없다. 이럴 줄 알았으면 '막살 걸' 그랬다는 후회가 몰려 온다. 학창 시절부터 늘 바른 길을 걸어왔다고 생각했고 늘 무리에서 리더 위치로 살아왔는데, 막상 무대에서 내려오니 내 가방 들어주던 친구가 나와는 비교할 수조차 없는 부를 쌓고 다른 삶을 살고 있다면 상대적 박탈감 또한 극심하다.

셋째는 일을 했던 지난 30년보다 앞으로 더 긴 시간을 살아야 한다는 사실에서 나오는 불안함이다. 이런 당연한 사실을 젊을 때는 모르다가 은퇴 즈음에서야 막막함을 확 깨닫는다. 불안이 좀먹는 중년은 삶의 질이 떨어질 수밖에 없다. 사람들은 돈이 행복의 전부가 아니라고 하지만, 행복의 조건쯤은 된다. 궁핍 속에서도 행복할 수 있다면 그건 성인의 삶이다.

중년의 후유증을 한마디로 표현하기에 '화병'만큼 좋은 단어는 없다. 화병에 걸리면 나만 힘든 게 아니라 가족까지 힘들다. 약으로도 치료되지 않는다. 가끔 정신과 상담을 받거나 항불안제 등을 처방 받는 경우도 있지만, 이 병은 쉽게 해결되지 않는다. 그런데 의외로 그 치료법은 간단할 수 있다. 일을 하는 것이다. 꼭 직업을 가지라는 말은 아니다. 자격증에 도전할 수도 있고, 꼭 하고 싶었던 어떤 일을 해보는 것이다. 무엇에 미쳐 있으면, 미칠 것 같은 마음의 병은 뒷전 으로 물러난다.

고독하게 죽으면
어쨌든 고독사

2~3년 전으로 기억한다. 중소기업 CEO를 대상으로 강의를 했는데, 커피 브레이크에 70세의 현역 CEO 한 분과 잠깐 대화를 나눌 기회가 있었다. 잠시 의견을 구할 게 있다고 시작한 그분의 말 보따리는 내가 대답할 시간조차 허용하지 않은 채, 나의 소중한 휴식시간을 통째 빼앗아버렸다.

그분의 하소연을 요약하자면 '자신의 아내가 언제부턴가 교회와 관련된 일에만 집중하고 자신에게 소홀하다는 것'이다. 밥도 잘 차려주지 않고 거의 교회에서 살다시피 한다는 얘기였다. 자신은 잘못한 게 하나도 없는데, 왜 그런 대접을 받아야 하는지 답답하다고 하소연했다. 심지어 그분은 교회를 찾아가 목사를 한 방 때려주고 싶다고까지 했다. 뭐라고 끼어들 틈이 없어 듣고만 있었더니, 그분은 자기 스스로 결론까지 내버렸다. 다 필요 없고 이제부턴 자신을 위해 살기로 했노라고.

강의가 끝나고 집에 오는 내내 그분 얘기가 머리를 맴돌았다. 내가 진단한 바로는, 그분의 생각이 바뀌어야 하는데 어지간해서는 그럴 것 같지 않아 내 가슴도 답답했다. 자신의 살아온 길에 대한 자부심, 상대가 틀렸으니 상대가 변해야 한다는 원망과 분노로 가득 찬 표정과 눈빛을 보니, 정말 죄송스럽게도 '고독사'란 단어가 떠올랐다. 그 어떤 인간이라도 슬픈 죽음을 맞지 않아야 하지만, 특히 한평생 가족을 위해 살아온 가장이라면 최소한 고독사는 면해야 한다.

고독사라면 극빈 계층의 1인 가구를 연상하지만, 나는 고독사의 범위를 보다 확장해서 생각한다. 가족과 함께 살고 있더라도, 가족과 고립되어 살다가 원망을 품고 죽는다면 고독사와 뭐가 다르겠는가. 가족이 해체되는 요즘 상황을 고려한다면 앞으로 고독사는 점점 늘어날 것이다. 그중에서도 남자가 더 심각하다. 모 지역신문의 자료를 보니, 그 지역에서 일어난 3개월간의 고독사가 12건이었는데 그중 11건이 남자였다고 한다. 남자가 문제이고, 남자가 불쌍하다. 뭐 나라고 잘하고 있다는 얘기는 아니다.

그런데 가족 간의 불통으로 인한

인생 후반전을 위해 가장 먼저 해야 할 일은 생각의 변화라는 확신이 든다. 생각이 변해야 사과가 가능하기 때문이다.

고독사는 당사자에 그치는 문제가 아니다. 다른 가족들도 상처를 받았을 것이기 때문이다. 그리고 이런 안 좋은 것들은 이상하게 대물림되는 경향이 있다. 아동 학대 사건을 봐도 알 수 있듯이 가정폭력의 희생자는 가정폭력의 가해자가 될 확률이 높다. 불행히도 불통 문제는 점점 더 세력을 넓혀가고 있고, 1인 가구는 점점 더 늘어가고 있다. 대한민국의 모든 남성들이 그런 심리적 고독사만은 하지 말았으면 하는 간절한 바람이다.

사람은 죽음에 임박해서야 생각을 바꾼다는데, 그보다 미련한 짓이 없다. 왜 미리 바꾸지 못하는 걸까? 사과할 일이든, 풀어야 할 일이든 빨리 할수록 좋다. 가장이 생각을 바꾸면 가족의 상처가 치유되는데, 그 시기가 늦으면 사과해도 아무 소용이 없다. 죽기 직전에 사과하는 행동은 정말 이기적이다. 남겨진 가족들의 상처에 상처 하나를 더하는 꼴이다.

나는 절대 고독사하고 싶지 않다. 그래서 사과할 것은 빨리 사과하기로 결심했다. 즐거운 인생 후반전을 위해 가장 먼저 해야 할 일은 생각의 변화라는 확신이 든다. 생각이 변해야 사과가 가능하기 때문이다.

내가 변해야 세상이 변한다. 이건 진리다.

Slow 할 것과 Quick 할 것을
구분하라

일단 퇴직을 하면 마음이 급하다. 프랜차이즈만 믿고 덜컥 자영업에 뛰어드는 사람들이 많은데 이런 조급함이 작용해서 그렇다. 하지만 현실은 2~3년을 버티기 어렵다. 직장에서는 내가 조금 부족해도 조직에 묻어갈 수 있지만 자영업은 다르다. 내가 조금 부족하면 바로 티가 난다. 직장에서 관리자로 은퇴한 후, 고객을 상대하는 일은 아주 어렵다. 게다가 미쳤는지 개념이 없는 건지 구별이 안 되는 고객이 갈수록 늘어나고 있다. 프랜차이즈 업체의 갑질과 고객들의 후기 평가에 시달리다 보면 다 집어치우고 싶은 마음이 간절하다.

대접만 받고 살아온 관리자 출신의 자영업자들은 대충 이런 과정을 거쳐 퇴직금을 날린다. 나도 그랬다. 캐나다에서 내가 한 번도 해본 적 없고 알지도 못하는 세탁소 사업을 했다. 직원이 12명이나 될 정도로 규모가 컸는데 한 방에 날렸다. 인생도 한 방에 꼬였다. 무식하면 용감하다는 말이 있는데, 나는 무식하면 더 빨리 망한다는 생각이다. 소심하면 가늘고 길게는 산다. 게다가 퇴직자들에게 위험요소 하나가 더 늘었다. 코로나19로 촉발된 비대면 사업 확대다. 대면 사업에 익숙한 은퇴자들에게는 사망선고와 같다.

차라리 있는 돈을 아껴 쓰고 주택 모기지론 같은 것을 잘 활용하면 그럭저럭 노후 생활을 꾸려 갈 수 있다. 그럼에도 퇴직금을 포함해 목돈을 한 방에 날리는 퇴직자들 얘기는 끊임없이 들려온다. 주변에 은퇴 대책은 '아무것도 안 하는 것'이라고 주장하는 후배가 있다. 왜 그런 생각을 했냐고 물어 보니, 모아둔 돈과 국민연금, 퇴직연금, 주택연금으로 가늘고 길게 살 수 있겠다는 생각이 들더란다. 일단 은퇴 후에 재취업 자리를 알아보고 잘 안 되면 그냥 놀 거라고 한다. 우스갯소리로 치부할 말만은 아니다.

그러나 현실에서는 퇴직하고 곧바로 자영업에 뛰어들었다가 한 방에 말아먹는 분들이 많다. 제발 은퇴한다고 위축되거나 쫄지 말았으면 한다. 아무래도 쫄면 판단력이 흐려지고, 조급함이 생기면 주변을 둘러보지 못한다. 평생 샐러리맨으로 살았다면 월급 받는 일을 하는

사실 은퇴하면 급할 것도 없는데 이상하게 급해진다. 관성의 법칙이 적용되는가 보다. 제자리에 머물고 싶은 심리 말이다.

것이 옳다. 다른 일자리를 위해 자격증을 취득하거나, 눈높이를 낮춰 일자리를 구해보자. 정부에서도 은퇴자를 위한 프로그램을 운영하고 있으니 발품을 팔자. 은퇴 선배로부터 조언도 들어보자. 은퇴 후 대박을 기대하는 것부터가 잘못이다. 물론 대박 난 사람도 있지만 로또의 확률이다.

로또의 가장 많은 당첨자는 5천 원 당첨자다. 은퇴 후 자영업에 참여한 사람 중 가장 많은 당첨자는 폐업 혹은 휴업이다. 캐나다의 한국 교민들 사이에서 전해지는 말이 있다. 이민 오면 1년은 노는 것이 필수라는 것이다. 그 1년 동안 사람들도 사귀고, 돌아가는 분위기도 보면서 천천히 가라는 말이다. 필자도 캐나다에서 세탁소 사업을 하다가 6개월 만에 접었던 아픈 경험이 있다. 1년 편히 먹고살 수 있는 돈보다 더 많은 손실을 보았다. 다 조급함과 불안함 때문이다. 급할수록 돌아가라는 말은 은퇴 후에 더 가슴에 새겨야 할 격언이다.

사실 은퇴하면 급할 것도 없는데 이상하게 급해진다. 관성의 법칙이 적용되는가 보다. 제자리에 머물고 싶은 심리 말이다. 퇴직 전에 누렸던 것들을 계속 누리고 싶은 마음이 드는 것은 당연하다. 초보 골퍼들은 필드에만 나가면 스윙이 급해진다. 아무리 천천히 하라고 해도 소용이 없다. 시간과 돈을 버리고 뼈아픈 반성을 해야 몸에 익힐 수 있다. 그런데 자영업에 함부로 뛰어들면 다음 기회가 없다는 게 문제다.

차를 사기 전에 후기를 검색하고, 새로 출시된 차라면 가급적

1~2년 뒤에 사는 것이 좋은 것처럼 천천히 다 살펴보고 일을 찾는 것이 좋지 않을까 한다. 아껴 쓰면 20년 먹고살 것을 1년에 날려버릴 수 있으니 말이다.

Slow 할 것은 Slow 하고, Quick 할 것은 Quick 해야 인생 후반전이 무리 없이 흘러간다.

재테크만 하지 말고
라이프테크를 하라

중년이라면 당연히 재테크(財Tech)에 관심이 많을 것이다. 하지만 관심을 가질수록 재테크가 실망을 안겨줄 가능성이 크다. 결론적으로 나이 들어서 재테크를 한다고 해서 부족한 머니가 채워질 가능성도 높지 않다. 금리가 높은 상품이라고 해봤자 기껏해야 2%가 되지 않는다. 수백 억 자산에 2%면 짭짤하겠지만, 그런 사람이 이 책을 읽고 있지는 않을 것 같다.

수백 억, 수천 억을 갖고 있다면 1%가 아니라 0.1%도 크니까 조금이라도 금리가 높은 곳을 찾아야겠지만, 내 금융자산은 도대체 얼마란 말인가? 1% 더 받아서 행복해지지도 않고, 1% 덜 받아서 망할 것도 없다. 그런데 그 몇 프로를 더 받겠다고 금융 사기에 걸려 원금을 날리는 경우를 허다하게 봐 왔다. 이름을 대라면 댈 수도 있다.

물론 신랄한 반박을 하실 분도 기꺼이 환영한다. 사실 나는 투자에는 똥손이다. 내가 평생 잘한 투자라고는 딱 하나뿐이다. 지난 세기, 그러니까 1995년에 사둔 강남 아파트가 재건축에 들어가 노후 준비를 얼추 해결했다는 것이다. 그 집을 25년 이상 가지고 있었던 비결을 묻는 사람들에게 나는 '아무 생각이 없었기 때문'이라고 답한다.

노후 준비는 꾸준하게 다방면으로 하는 것이 좋다. 하지만 고3 수험생처럼 스트레스를 받으며 할 필요는 없다.

재테크를 하겠다고 그 집을 팔고 다른 곳에 집을 사거나 사업을 했다면 지금 나는 심한 화병에 걸렸을 수도 있다. 정말 다행히도 뒷걸음치다가 쥐 잡은 것이다.

노후의 행복에 재테크는 매우 중요하다. 하지만 돈만으로 행복해지는 것이 아니기 때문에 크게 보면 라이프테크(life tech)에 더 관심을 갖고 준비해야 한다. '라이프테크', 참 좋은 단어라고 생각한다. 수식어를 더하자면 '해피 시니어 라이프테크'다. 지금부터 해피 시니어를 위한 라이프테크에 대해 좀 더 자세히 말해보려고 한다.

머슬테크(Muscle tech): 중년들은 유산소 운동은 물론이고 근육 운동을 해서 근육 부자가 되어야 한다. 모든 근육이 중요하지만 특히 하체 근육이 중요하다.

프렌즈테크(Friends tech): 앞에서 말한, 나이 들어 친구 사귀는 법을 참고해 얕고 넓은 친구 관계를 가지는 것이 필요하다. 여기에는 투자가 필요한데 밥을 사든지, 진심을 보이든지 둘 중 하나는 해야 한다.

하비테크(Hobby tech): 취미에는 성취감을 느낄 수 있는 것과 사람들과 어울리고 시간을 보낼 수 있는 것이 있다. 나는 후자가 더 좋다고 생각한다.

머니테크(Money tech): 제일 중요하면서 제일 어려운 분야다. 그러면서 정답이 없다. 내 경우는 '있는 돈 아껴 쓰기, 조삼모사 스킬로 70살 이전에 많이 쓰기, 주식은 안전한 대형주나 배당주 중심으로 투자 포트폴리오 구성하기, 장기적으로 금융 상식 공부하기, 다른 사업 하지 않기' 등을 기본 방향으로 정했고, 아내와 공유할 생각이다. 즉 돈을 버는 머니테크가 아니고 있는 돈을 잘 쓰는 머니테크에 중점을 두기로 했다.

하트테크(Heart tech): 나이 들면 마음까지 가난해진다. 철학이나 인문학 등을 공부해 마음의 창고를 채워야 한다. 종교활동도 좋고 봉사활동도 좋다. 나이 들어서 마음의 창고를 가득 채운 사람은 뿌리 깊은 나무가 되어 바람에 쉽게 흔들리지 않는다.

노후 준비는 꾸준하게 다방면으로 하는 것이 좋다. 하지만 고3 수험생처럼 스트레스를 받으며 할 필요는 없다. 어찌 보면 지금 현재를 잘 지내는 것이 노후 준비를 가장 잘하는 것일 수도 있다. 즐겁게 지내는 것도 습관이요, 연습이 필요하기 때문이다. 어느 날 갑자기 골프를 잘 칠 수 없듯이, 어느 날 내 노후가 갑자기 행복해질 수 없지 않겠는가. 라이프테크의 개념으로 삶의 균형을 잡는 것이 필요한 때다.

Chapter

4

아내란 천국과 지옥의
열쇠를 가진 존재

아내들에게 주는 조언, 중년 남자 사용설명서

우리 나이 정도 되면 아내의 소중함을 깨닫는다. 물론 아내가 소중한 존재라는 것을 아는 것과 아내를 소중히 대하는 것 사이에는 간극이 있다. 내가 갑자기 달라지면 아내가 어색해 할 것이라며 스스로를 합리화하기도 한다.

놀라운 것은 살아 보니 아내의 말이 대개는 다 맞았다는 거다. 맞는 말이든 아니든, 아내의 말을 들었더라면 최소한 덜 힘들게 살았을 확률이 높다는 것을 인정한다. 결론적으로 아내의 말이 거의 이치에 맞는 말이었다. 그런데 왜 남편들은 아내의 말을 듣지 않을까? 남자의 자존심이 허락하지 않아서일까? 아내가 기분 나쁘게 말하기 때문일까? 아내의 말을 하나하나 들어주다 보면, 마침내 영혼이 탈

탈 털리게 되고 끝내는 로봇처럼 살게 될까 봐 본능적으로 거부하는 걸까? 그것도 아니라면 은근히 아내를 무시하거나 싫어하기 때문일까?

간단하게 선생님 말을 잘 듣지 않는 학생들과 비교해보자. 우리는 왜 선생님 말을 듣기 싫었을가? 대부분은 꼰대라는 인식, 잔소리라는 방어 기제가 발동해 자연스럽게 귀를 닫고 무시하는 습관이 들었을 것이다. 선생님의 말은 그 내용이 어떻든 간에 처음부터 듣고 싶지 않았던 거다. "어이쿠 또 시작이네. 저 꼰대는 지겹지도 않나, 늘 같은 소리야. 1절만 하라고 제발!"

모든 것을 내 위주로 생각해보자. 즉 이 모든 게 선생님 탓이라고 가정한다면, 이런 잘못된 경청 습관은 상대의 상처 주는 말 때문에 생긴 것이라 할 수 있다. 선생님과 나는 서로 관심이 없는 무덤덤한 관계였거나 서로 무시하는 관계였을 가능성이 크다. 만약 내가 좋아했던 선생님이었다면 그 말들이 귀에 쏙쏙 들어오고 선생님과 우호적 관계를 형성하기 위해 노력했을 것이다.

그래서 은퇴 계획은 무조건 아내와 상의하라고 조언한다. 그냥 아내가 하자는 대로 하면 된다. 대박은 없지만 쪽박도 없다.

이 상황에 대입해 보자면, 남편이 아내 말을 듣지 않는 첫 번째 이유는 아내와 남편의 관계 설정 자체에 있다. 좋아하고 존중하는 것까지는 아니더라도 소 닭 보듯 하거나 서로 무시한다면 오가는 말이 곱게 들릴 수 없다. 그 이유는 전통적인 남녀 차별의 유교 문화나 잘못된 신화의 폐해일 가능성도 있다.

두 번째는 부부 간에 서로 상처를 주는 소통 방식을 사용했을 가능성이 높다. 어쩌면 말은 그 내용보다 그 내용을 전하는 방식, 즉 말투가 더 중요할 수 있다. 구구절절이 맞는 말이라 할지라도 상처 주는 말투를 사용한다면, 상대는 귀를 닫아버린다. 게다가 이런 상황은 말의 내용까지 비난으로 바뀌게 되는 악순환을 불러온다. 이런 나쁜 소통 방식에 오랫동안 노출되었다면 아내의 말, 남편의 말이 옳은 것일수록 기분이 더 나빠진다.

세 번째로 남자의 열등감이 소통을 방해할 수 있다. 열등감 따위는 내게 없다고? 물론 나에게도 없고 당신에게도 없다. 의식 속에서는 그렇다. 하지만 열등감이 거하는 곳은 의식이 아니라 무의식이다. 곰곰이 생각해보자. '내가 왜 그런 행동을 했을까?' 하고 후회했던 적은 없는가? 술버릇이었다고, 원래 성격이었다고, 상대가 자극했다고 말하지만, 그 뒤에는 깊은 열등감이 숨어 있을 수 있다.

열등감이란 놈은 참으로 교묘하다. 내가 세다고 느끼는 상황에서는 아무 반응을 보이지 않거나 여유롭게 대응한다. 그런데 내가 약하다고 느끼는 순간 갑자기 튀어나와 충동적 행동, 비이성적 대응을 하게 만들고 우울감에 빠뜨린다. 자존감이 높은 사람은 남의 말을 잘 들어주고 공감력이 좋다. 반대로 열등감에 사로잡힌 사람은 타인의 말을 들어줄 여유가 없다. 지고는 못 사는 성격이란 열등감에 똘 똘 뭉친 쪼잔한 인간이라는 뜻이다. 지면 죽는다는 것을 스스로 잘 아니까 늘 오버를 한다.

아내들이 자주 하는 말이 있다. "왜 맞는 말인데 듣지 않느냐?"는 것이다. 이때 필요한 것이 지피지기 이론이다. 아내들은 남자의 열등감을 모른다. 열등감이 있는 사람은 꼬여 있고, 꼬여 있는 사람은 다른 사람의 말을 듣지 않는다. 아내들은 대부분 남편이 열등감을 가질 정도는 아니라고 생각하는데 정작 남자들은 왜 그러는 걸까?

일단 남자의 세계는 뺑이 지배한다. 엄청난 뺑의 소유자들을 접하다 보면 자신이 한심하고 초라해 보이는데, 이런 느낌이 남자의 열등감을 자극한다. 돈 잘 버는 놈이 있고, 운동 잘하는 놈이 있고, 정력 센 놈이 있고, 잡학다식한 놈이 있고, 별놈이 다 있는데 그것과 일일이 비교하다 보면 스스로 못난 놈이 된다.

그러니 아내는 남편에게 말할 때 다음의 세 가지를 꾸준히 실천해야 한다.

첫째, 남편의 말을 끊지 않는다.

둘째, 남편의 의견을 무시하지 않는다.

셋째, 남편을 인정하면서 내 의견은 참고만 하라고 말한다.

이 세 가지만 지키면 부부 소통이 저절로 된다. 물론 이 책을 아내들이 볼 일은 없을 것이다. 뭐 안 봐도 상관 없다. 내가 변하면 되니까. '나에게 이런 측면이 있을 수 있구나'를 인식하면 스스로 조심하게 된다. 우리의 두뇌에서 파충류의 뇌인 '변연계'를 영장류의 뇌인

244

'전두엽'이 조절할 수 있게 된다는 것을 의미한다. 부부가 잘 산다는 의미는 전두엽으로 산다는 것이다. 스스로를 알면 스스로 조절할 수 있다. 알아야 참고, 인정해야 참는다. 인생 후반전을 다르게 산다고 해서, 참아야 할 일이 사라지는 것은 아니다.

가정의 평화를 원하는 중년 남자는 '지는 게 이기는 것이고, 입 다무는 것이 평화를 유지하는 방법이다'라고 정신 승리를 거두어야 한다. 아내가 행복하면 나도 행복하다.

사자와 소가
결혼생활을 한다면

　대부분의 남자들은 인생의 전반전을 아내의 내조가 당연한 것인 줄 알고 산다. 그러다 은퇴할 때쯤 되면 이상하게 아내가 고맙다는 생각이 든다. 이유는 잘 모르겠지만 나이가 들수록 아내가 고맙다는 생각이 자주 든다. 남편들이 교활한 것일 수도 있다. 앞으로는 아내와 잘 지내지 않으면 힘들어질 것이란 사실을 본능적으로 깨닫는 것이다.

　어쨌든 은퇴를 앞두고 아내에게 은퇴 기념 선물을 준비하는 남자들이 있다. 그중 하나가 시골에 전원주택을 마련하는 것이다. 물론 이런 것이 진짜 아내를 위한 선물인지, 자신을 위한 선물인지는 모르겠다. 아내가 원치 않는 선물이어서 오히려 졸혼이나 황혼 이혼의

빌미가 될 수도 있다는 것을 남자들을 모르는 듯하다.

사자와 소가 결혼해서 살다가 헤어지기로 합의했다. 막상 헤어지려니 짠한 마음이 들어 각자 마지막 선물을 해주기로 했다. 사자는 자기가 가장 좋아하는 최상 등급의 고기를 선물했고, 소는 유기농 풀을 선물했다. 선물을 열어본 사자와 소는 "당신은 나를 몰라도 너무 모른다"고 절망하며 뒤도 돌아보지 않았다는 우스갯소리가 있는데, 이게 우스갯소리만이 아니란 걸 이제 어렴풋이 알 것 같다.

우연히 읽은 책에서, 은퇴한 남편에게 아내가 진정으로 바라는 것은 '건강하되 집에는 거의 있지 않는 것'이라는 내용을 본 적이 있다. 너무 현실적이어서 웃으면서 슬펐다. 평생 가족을 부양하느라 집에 있을 시간이 거의 없었던 남편이 30년 만에 은퇴해 집에 돌아왔는데, 집에 없기를 바란다고? 화가 날 수도, 서운할 수도 있지만 남자들이 인생 전반전에 한 짓을 떠올려보면 그리 생각할 일만도 아니다.

비록 농담이었지만, 집에 들어가기 싫다고 한 적이 없는가?

비록 농담이었지만, 아내는 가족이라고 한 적이 없는가?

비록 피치 못할 사정이 있었지만, 아내가 기다리는 줄 알면서 친구와 술 마시고 논 적은 없는가?

비록 피치 못할 사정이 있었지만, 육아와 가사에 지친 아내를 두

당신이 틀렸다고 인정하는 순간, 행복의 문이 열린다. 시간이 너무 늦지 않기를 바랄 뿐이다.

247

고 친구들과 놀러간 적은 없는가?

자기가 한 짓을 생각하면 아내의 구박에 서운할 일이 없다. 아내는 이미 오만 정이 떨어졌는데, 은퇴했으니 이제 같이 붙어 살자고? 이제부터 잘하겠다고? 아내에게도 입장이란 것이 있다. 아내에게도 자신의 인생이 있다. 평생 무시하다가, 이제부터 존중하겠다고 하면 이제까지 무시당한 사람이 그 말을 믿을까?

그런데 하물며 원하지도 않는 전원생활을 하자고 한다면? 결혼생활을 유지하느라 많은 것을 포기하고 살았는데, 이제 진짜 같이 놀아 줄 테니 또 포기하란 얘기다. 아내로서는 기가 막힐 노릇이다. 아내도 여자다, 아니 아내도 사람이다. 이제야 이 말의 의미를 조금 알겠다. 미안하지만 아직도 '조금'이다. 남녀 차별의 문화 속에서 자란 폐해가 크다. 반성한다.

그래서 은퇴 계획은 무조건 아내와 상의하라고 조언한다. 그냥 아내가 하자는 대로 하면 된다. 대박은 없지만 쪽박도 없다. 아내와 인생 후반전을 잘 살아가려면 아내가 원하는 인생을 살 수 있도록 판을 마련해 주는 것이 필요하다. 아내의 행복이 나의 행복이다. 그러니 부디 아내 말을 잘 듣자.

아내의 말 속에 인생 후반전의 성패가 있다. 내가 들어갈 천국의 열쇠는 아내가 가지고 있음을 이제야 어렴풋이 알 것 같다.

당신이 틀려야
평화가 찾아온다

당신은 꼭 물어보더라.

"좋았냐?"고.

뭐 찔리는 거라도 있나 봐.

좋았다고 해야 그제서야 흐뭇하게 잠들더라고.

당신은 뜬금없이 물어보더라.

"다시 태어나도 나랑 결혼할 거냐?"고.

고개를 끄덕이면 우쭐해하지.

여행이라도 다녀오면 두고두고 공치사를 하더라.

"여행 좋지 않았냐?"고.

좋았다고 해야 군소리가 없어.

남자들은 참 단순해. 배부르면 잘 자는 아이들처럼, 자기 배만 부르면 다른 것엔 관심이 없어. 좋다고 해줘야 좋아하지. 거짓말을 못해서 솔직하게 말하면 성질을 내거나 삐치니까, 거짓말이 행복한 결혼 생활의 조건이란 생각도 들었어.

솔직히 말할게. 당신 참 눈치도 더럽게 없어. 딱 보면 몰라? 내가 만족하는지, 내가 좋아하는지, 내가 행복한지 말이야. 양심이 없어. 자기가 한 짓은 잊어버리고 늘 잘해 준 것만 되물으니까. 언젠가 한 번 솔직한 내 마음을 이야기한 적이 있었는데 난리 난리 그런 난리는 처음 봤어. 듣고 싶은 말만 들으려고 하니 입을 닫고 산 게 내 결혼 생활의 전부야. 은퇴한 당신에게 바라는 것은 간단해. 건강할 것, 집에 있지 말 것, 뭘 함께 하자고 하지 말 것.

당신이 틀렸다고 인정하는 순간, 행복의 문이 열린다. 시간이 너무 늦지 않기를 바랄 뿐이다.

그러니 은퇴하고 시골 가자고 하지 마. 해외여행 하자고 하지도 말았으면 좋겠어. 나는 친구들이 있고 아파트가 있는 도시가 좋아. 당신과 함께 가는 크루즈 여행보다 친구들과 함께 가는 소박한 캠핑이 좋아.

여보, 미안하지만 이제 솔직하게 말할게. 난 당신과 행복한 적이 없었지만 행복한 척했어. 물론 당신이 좋고 고맙고 짠한 적은 있었지. 아주 가끔. 하지만 착각하지 않았음 좋겠어. 난 당신과 여행을 간 게 아니라 가 준 거야. 당신이 정말 건강하기를 바라는데, 그건 내 노후가 힘들어지는 게 싫어서야. 그러니 은퇴 후에 갑자기 보답하겠다거나 애처롭다거나 하는 생각은 말아줘. 갑자기 잘해주려고도 하지 마. 그냥 살던 대로 무심하게 살고 싶어. 당신을 너무 잘 알고 당신에게 받은 상처가 너무 깊은가 봐. 우리 그냥 적당히 거리 두고 살았으면 해.

상처 받은 아내의 마음을 취중진담 형식으로 풀어봤다. "왜?"라고 캐묻고 따지면 그나마 아내가 입을 닫아 버릴 수도 있다. 아내의 마음이 그렇다는 거다. 이건 옳고 그른 것을 따질 문제가 아니다. 그냥 "그렇구나, 그랬었구나" 하고 받아들여야 한다. 무조건 아내가 옳은 거다. 만약 당신이 옳다면 부부는 함께 힘들어진다. 당신이 틀려야 평화가 찾아온다. 당신이 틀렸다고 인정하는 순간, 행복의 문이 열린다. 시간이 너무 늦지 않기를 바랄 뿐이다.

아내와 의논하는 연습은
필수 노후 준비

    2004년 아테네 올림픽에서 소설 같은 일이 일어났다. 50미터 남자 소총 결선, 마지막 한 발만 명중하면 금메달이 확정되는 순간이었다. 탕! 짧고 경쾌한 총성과 함께 총알은 과녁에 명중했다. 올림픽 금메달이 확정되는 순간, 선수도 관중도 승리에 환호했다. 그런데 잠시 후 경기장이 술렁이기 시작했고, 마지막 한 발은 0점 처리되었다. 분명히 명중된 것은 맞는데 자신의 과녁이 아닌 옆 선수의 과녁에 명중된 것이다. 미국의 사격 선수 매튜 에먼스(Matthew Emmons)는 이 어처구니 없는 실수로, 금메달이 아닌 8위로 밀려났다.

    오조준, 군대를 다녀온 사람이라면 사격장에서 한두 번은 겪어보았을 일이다. 이 마지막 한 발이 그 선수의 많은 것을 바꿔놓았을 것이다. 우리 인생에서도 마무리는 아주 중요하다. 우리에겐 은퇴를 앞두고 하는 선택이 마지막 한 발일 수 있다는 생각이 들었다.

박전무는 대기업 임원까지 지내고 은퇴한 나름 성공한 사람으로, 가정보다는 회사에 충실했던 전형적인 회사형 인간이었다. 자신의 성공이 가정의 부족한 부분을 채워줄 것이라 생각했고, 넉넉한 생활비와 명품 백이 보상이라고 생각했다. 그리고 은퇴 후에는 아내에게 그동안 못 해주었던 것을 보상하기 위해 아내 몰래 서프라이즈 은퇴 선물을 준비했다. 바로 전원생활이었다.

전원주택에서 새소리를 들으며 잠을 깨고, 아내와 숲을 보며 커피를 마시고, 호숫가를 산책하고, 친구들이 놀러 오면 바비큐 파티를 하고, 서재에서 그동안 못 읽었던 책을 읽고, 마당에서 큰 개를 키우며 사는 삶을 꿈꾼 것이다. 박전무는 아내 몰래 그런 삶을 준비했다.

마침내 은퇴를 하고, 박전무는 전원주택을 지을 땅에 아내를 데리고 갔다. 그 자리에서 행복한 표정으로 자신의 은퇴 계획을 밝혔다. 그런데 감동할 줄 알았던 아내는 싸늘하게 말했다. "당신 혼자 살아요. 어떻게 의논 한마디 없이 이런 일을 벌였어요? 난 서울에서 아이들과 살래요."

평생 아내 말을 귀담아듣지 않았던 남편은 늘 하던 대로 밀어붙이면 해결될 줄 알았다. 그래서 집을

남편이 은퇴하면 아내도 동반 은퇴하게 되는데, 남편들이 이걸 모른다. 아내도 다 계획이 있다는 것을 꿈에도 모른다.

짓기 시작했고, 3개월이면 완공된다던 집은 건축업자와의 갈등으로 1년 이상이 소요되었다. 집이 완공되자 박전무는 억지로 아내를 끌고 내려갔다.

하지만 막상 전원생활을 시작하자 머릿속에 그렸던 낭만적인 삶과는 거리가 멀었다. 전원주택은 손이 많이 갔다. 마당의 잔디는 볼품이 없고, 큰 개는 담 넘어 도망가서 남의 밭을 망치기 일쑤다. 새소리가 좋았던 것은 일주일뿐, 한 달이 지나자 총으로 쏘고 싶을 정도로 시끄러웠다. 새벽에는 닭이 잠을 깨우고, 시골 인심은 절대 훈훈하지 않았다.

제일 문제는 아내다. 시간이 지나면 달라질 줄 알았던 아내의 서운함은 분노가 되어 결혼 생활 30년의 불만까지 털어놓고, 벌써 1년이 지났지만 건축업자와의 갈등은 해결되지 않았다. 어느 날, 저무는 노을을 보며 박전무는 생각했다. 뭐가 잘못되었을까? 어디서부터 꼬였을까? 퇴직 전까지는 모든 것이 계획대로 이루어진 듯한데, 퇴직 후에는 모든 것이 엉망인 이유를 알 수 없었다.

그러던 어느 날 아내가 서울로 가겠다고 선언했다. 아내도 남편의 은퇴에 맞추어 나름의 계획이 있었다는 것을 박전무는 몰랐다. 한 번이라도 같이 의논했었더라면 생기지 않았을 일이다. 아니, 아내의 말에 귀기울이고 아내의 의견을 존중했더라면 이런 일은 절대 일어나지 않았을 것이다. 지난 결혼생활의 습관이 만들어낸 결과다.

지나간 것은 어쩔 수 없다지만, 평생 단 한 번이라도 아내와 의논

해야 할 일이 있다면 바로 은퇴 준비다. 무려 30년 정도를 함께해야 하는 중요한 일이다. 남편이 은퇴하면 아내도 동반 은퇴하게 되는데, 남편들이 이걸 모른다. 아내도 다 계획이 있다는 것을 꿈에도 모른다. 아니라고 부정해도 아내를 소유물로 보거나 부하쯤으로 인식하는 남편들이 많기 때문이다. 박전무도 예외는 아니었다.

아내와 함께해야 인생 후반전이 행복하다. 아내 없는 삶을 원한 것은 아니지 않는가? 조금 어색하더라도 아내와 상의하는 일에 익숙해져야 한다. 아내를 보는 관점 자체를 바꿔야 한다. 아내는 끝까지 함께 가야 할 내 삶의 파트너다.

부부 동반 여행은
위험하다?

　50대 이후 남자들이 조심해야 할 것이 있다. 그중 하나가 부부 동반 여행이다. 신혼여행을 다녀와서 바로 이혼하는 부부들 얘기를 들어보았을 것이다. 여행이 이렇게 위험할 수 있다. 그동안 아내와 여행 간 것이 한두 번이 아닌데 뭘 조심하라는 건지 의아해 하는 남자들이 많다. 만약에 '여행 데리고 가 주는 것만으로도 고마워해야 하지 않느냐'고 생각하는 분이 계시다면 지금부터 하는 이야기를 세심히 들어 주기 바란다.

　여행 가면 서로 기분 상하는 일이 다반사인데, 지금까지 나는 그게 다 아내 때문이라고 생각했다. 그런데 지금 생각해보니, 나는 아내와의 여행을 직장에서의 워크숍과 혼동했던 것 같다. 워크숍은 주는 대로 먹는 게 정석이다. 그런데 아내는 늘 자기가 원하는 것을 먹겠다고 한다. 속초 바닷가에서 김치찌개를 주문하는 아내를 이해하지 못했다. 바닷가에서는 무조건 회를 먹어야 하고, 하다못해 조개구이라도 먹어야 한다는 것이 당시의 내 생각이었기 때문이다.

세월이 많이 흐른 뒤에야 깨달았다. 내가 너무 옹졸했고 고정관념에 사로잡혀 있었다는 것을. 심지어 아내는 생선을 좋아하지도 않는다. 그래서 요즘은 제주도 가서 햄버거도 먹고 라면도 먹는다.

해외여행을 다녀온 많은 중년 부부가 이런 사소한 일들 때문에 사이가 멀어진다. '다시 같이 여행 가면 성을 간다'고 악담을 하기도 한다. 이렇게 돈은 돈대로 쓰고 효과는 마이너스인 여행을 다녀오는 경우가 많다. 그런데 더 황당한 경우가 있다. 아내는 다시 가고 싶지 않다고 하는데 남편 혼자 만족하는 것이다. 아내에게 여행을 선물했다는 자기 만족, 자기 과시인 셈이다.

'남편과의 여행, 친구와의 여행 중 어느 쪽이 더 좋으냐'는 바보스러운 질문에 많은 아내들이 당연히 후자를 선택했다. 친구와 가는 여행이 훨씬 자유롭고, 잔소리를 듣지 않기 때문이라고 한다. 외국까지 가서 하녀처럼 남편을 챙기고 싶지 않다는 답변도 있었다. 이런 아내들의 불만을 아는 남편은 많지 않다. 아니, 알아도 자기는 그런 남편이 아니라고 한다. 그럼에도 불구하고 많은 부부들이 해외여행을 간다. 그렇다면 부부가 해외여행을 조금 더 즐겁게 할 수 있는 방법은 없을까?

실제로 최근의 여행에서 겪은 일이다. 아내와 여행 일정을 짜면서, 후기를 열심히 보고 여행지에서 무엇을 먹을지 상의했다. 그렇게 고르고 골라서 간 식당인데 우리의 기대

> 여행지에서 좋은 것을 보고 맛있는 것을 먹는 것도 중요하지만, 더 중요한 것은 아내와의 평화로운 소통이다.

에 미치지 못해 실망한 기억이 난다. 그럼에도 여행에서 돌아온 아내는 별 불평이 없었다. 만약 일방적으로 내가 고른 메뉴였다면 아내는 끝없이 불평을 늘어놓았을 것이고, 견디다 못한 나는 아내 탓을 하며 '다음에 가네 마네' 하고 다퉜을 것이 확실하다.

여행지에서 좋은 것을 보고 맛있는 것을 먹는 것도 중요하지만, 더 중요한 것은 아내와의 평화로운 소통이다. 아내와의 즐거운 여행을 위해서는 여자들의 특성을 이해하고 거기에 맞게 반응해야 할 필요가 있다. 부부 동반 여행에서 꼭 필요한 7가지 원칙을 정리해보았다.

1. 느긋하게 기다려라. 여자에게는 시간이 필요하다. 기다려줄 줄 알아야 한다는 말이다.

2. 봉사 마인드를 가져라. 일단 여행을 가면 모든 것을 아내에게 맞추겠다고 생각하면 편하다.

3. 아내를 창피해 하지 마라. 버스에서 좋은 좌석을 잡으려고 몸을 날리는 아내의 저돌성에 놀랄 필요가 없다. 원하는 것이 있을 때

여자들은 대부분 물불을 가리지 않는다.

4. 다른 일행과는 소극적으로 어울려라. 이상하게 아내들은 남편이 다른 사람들 앞에 나서거나 말을 많이 하는 것을 좋아하지 않는다. 아내에게만 집중하고 조용히 뒤에서 짐을 챙기는 편이 낫다.

5. 같이 간 일행의 시선을 의식하라. 일행 앞에서 아내를 무시하는 것은 자살 행위다. 여행지에서만이라도 좋은 남편인 척해보자.

6. 아내의 사진은 아내가 OK 할 때까지 찍는다. 그리고 아내가 삭제를 원하면 즉시 삭제한다.

7. 아내의 의견을 시시때때로 물어보라. 사소한 일이라고 생각해서 마음대로 결정해서는 안 된다. 사소함에 대한 해석은 천지 차이일 수 있다.

이런 원칙을 지킨다면, 설령 완벽히 지키지 못하더라도 노력하는 모습을 보인다면 대부분의 아내는 만족할 것이다. 여자들은 남편이 자기를 위해 노력한다는 것을 본능적으로 안다. 부부 소통은 이렇게 하는 것이고, 이런 소통이 최고의 은퇴 준비다.

아내를 이해하려 하는 게 문제다

    남편들은 '아내'를 잘 모르겠다고 한다. 그런데 모르는 게 당연하다. 여자도 여자를 모른다고 하는데 남자가 어찌 여자를 알겠는가? 게다가 아내는 여자보다 더 고수가 아닌가? 내가 지금까지 살면서 내린 결론은 아내는 '이해하는 존재'가 아니라 '받아들여야 하는 존재'란 것이다. 주변을 보면 소통을 잘하는 부부들도 많은데, 꼭 서로를 잘 이해해서 소통이 잘 되는 것이 아니란다. 포인트는 '여자는 왜 그래?'에서 '여자는 그렇다'라고 받아들이는 것이다.

    어머니를 모시고 외식하러 가는 길, 갈비 집으로 가는 차 안에서 어머니가 불쑥 35년 전에 돌아가신 아버지 얘기를 꺼냈다. 옛날에 아버지가 주변 사람들에게 갈비를 사주는 자리에 어머니도 참석했다고 한다. 자신은 쪼들리는 생활에 아끼고 아끼며 사는데 아버지가 제법 큰돈을 쓰는 걸 보니 몹시 야속했다는 얘기다. 35년도 더 된 서운한 감정을 말씀하시는 거다.

남자인 내 입장에서 보면 아버지는 잘못이 없다. 남자라서 아버지에게 동조하는 걸까? 아무리 생각해도 정말 별일이 아니다. 나는 아버지께서 쓰셔야 할 곳에 썼을 것이라고 생각한다. 하지만 어머니는 무척 속이 상하셨던 거다. 아버지가 안 계시니 아버지의 입장을 들을 수는 없지만, 35년이 지나서 별일 아닌 것을 소환해내는 어머니의 능력에 내심 놀랐던 기억이 난다.

술자리에서 지인으로부터 비슷한 이야기를 들었다. 지인의 아버님 생신을 맞아 호텔에서 식사를 하려고 가족이 모였는데, 어머님이 오시자마자 하소연을 하더란다. "에고, 내가 잘못 산 것 같아. 매일 니들 아버지에게 구박만 받고, 다음에는 꼭 남자로 태어나야지." 분위기가 갑자기 싸해지고 참석자들이 모두 당황했다고 한다.

분명 어머니들이 그 말을 하려고 계획했던 것은 아니었을 것이다. 가슴에 쌓였던 것이 자신도 모르게 불쑥 나온 거다. 그런데 사실 따져보면 '불쑥'은 없다. 차곡차곡 쌓여서 더 이상 쌓이면 폭발할 것 같을 때, 그 폭발을 막는 제어판이 '불쑥'이 아닐까 싶다. 남편에게 받았던 상처들이 불쑥 튀어나왔을 뿐이

아내 말을 듣지 않으면 죽는다. 내가 죽든지 아내가 죽든지, 둘 중 하나는 죽는다. 확률상 내가 죽기가 쉽다.

다. 남자들은 "뭐 그런 걸로 상처를 받았냐"고 하겠지만, 상처 준 사람은 상처 받은 사람의 마음을 모른다.

남자들은 흔히 "여자들은 왜 그래?"라는 질문을 하는데, 질문 자체가 잘못되었다. 여자들은 왜 그런 게 아니라 원래 그런 거다. 그러니 남은 시간이라도 내 아내에게 상처 주지 않고 존중하며 살아야 한다. 그렇다면 어떻게 해야 할까? '이해가 안 되는데 어떻게 상처를 주지 않느냐'는 생각을 고수할 것인가? 아니면 무조건 받아들일 것인가? 죄송한 말씀이지만, 그냥 아내 말을 잘 듣자. 입 다물고 아내 말을 잘 듣는 것이 진정한 고수의 모습이라고, 위로의 말씀을 드린다. 아내의 말을 진심으로 듣는 것, 아니 반이라도 아내의 말을 따라주는 것, 그것이 인생을 다르게 사는 방법이다.

아내 말을 듣지 않으면 죽는다. 내가 죽든지 아내가 죽든지, 둘 중하나는 죽는다. 확률상 내가 죽기가 쉽다. 아내와 함께 잘 살려면 죽은 것처럼 살면 된다. 혹은 죽기를 각오하고 살면 된다. 이것을 피해간 늙은 남자는 없다. 그러니 많이 억울해하지 않아도 된다.

노후 설계도는
부부 합작품이어야 한다

집을 잘 지으려면 설계 단계부터 견고해야 한다. 설계도가 좋으면 완공 후 만족도가 높은 법이다. 그래서 집을 짓기 전에 건축가들은 집주인과 많은 대화를 나누고 집주인의 성향과 라이프스타일을 고려해 설계도를 완성하고, 건축 단계에서도 수시로 소통한다. 집 짓는 것도 이런데 하물며 30년 이상을 살아갈 노후 준비 과정은 어떨까? 한마디로 노후 준비도 설계도가 필요하다. 그리고 좋은 설계도란 부부가 공동 참여하는 것이어야 한다. 이것은 권고 사항이 아니라 의무 사항이다.

설계도란 말에는 미래에 대한 설렘이 깃들어 있다. 설계도대로 집이 완공되었을 때 느낄 행복감도 포함된다. 물론 현실은 설계도대로 되지 않을 수 있다. 미처 생각지 못한 변수들이 생기는 것이 오히려 자연스럽다. 노후 설계도에 문제가 발생한다 해도 부부가 함께 설계한 것이니 누가 누구 탓을 할 필요가 없다. 혹여 설계도대로 집이 완공되지 않았더라도 다시 지을 수는 없고 조금 고쳐서 살거나 그냥 감수하며 살아야 한다. 부부가 함께 설계했다면 그럭저럭 함께 살아갈 수 있다.

말이 거창해서 그렇지 공동으로 노후 설계를 한다는 것이 별게 아니다. 수시로 대화를 하면 된다.

남편: 은퇴하면 이렇게 살아보고 싶은데 당신 생각은 어때요?
아내: 내 생각은 좀 다른데, 좀 더 생각해보고 얘기해요.

남편: 나이 들어서 같이 골프를 하고 싶은데 당신 지금부터 조금씩 배워야 하지 않을까?
아내: 지금 코로나로 힘든데 다음에 배우는 게 좋겠어요.
남편: 이제 뭘 배우는 것을 뒤로 미룰 나이는 아닌 것 같으니 일단 시작합시다.
아내: 생각 좀 해보고요.
남편: 그래요. 마음이 바뀌면 언제든 말해요.

앞의 대화는 나와 아내가 나눈 것이다. 이런 평범한 대화가 소통의 시작이자 끝이다. 이렇게 노후 생활에 대해 틈틈이 대화를 나누는 것이 중요한데, 막상 아내와 대화를 하다 보면 의견이 맞지 않는 경우가 많다. 내가 전원주택 짓고 개 키우고 싶다고 했더니, 아내는 시골에서 한 달쯤 살아보고 결정하자

한마디로 노후 준비도 설계도가 필요하다. 그리고 좋은 설계도란 부부가 공동 참여하는 것이어야 한다. 이것은 권고 사항이 아니라 의무 사항이다.

고 한다. 들어보니 좋은 생각인 듯해서 그러자고 했다. 이런 식으로 조금씩 체험하면서 계획을 재조정하는 방법에 대해서는 미처 생각해 보지 못했다.

노후 생활에 대해 아내와 대화를 나누다 보면 아내의 생각도 알게 되고, 무엇보다 아내의 기분도 좋아지는 것 같다. 사실, 이렇게 공동의 주제로 다투지 않고 대화를 한다는 것 자체가 신기하다. 노후에 관해 대화를 나누면 자연스럽게 아내도 노후 준비를 시작한다. 이것이 노후 설계는 부부 공동 작업이어야 한다고 주장하는 이유다.

노후를 아내와 함께하는 것은 축복인데, 아내와 소통까지 잘 된다면 금상첨화가 아닐까?

아내가 가장 좋아하는
은퇴 선물

    중년의 은퇴 준비 중에 빠지면 안 되는 것이 있다. '아내와의 관계를 어떻게 설정할 것인가' 하는 문제다. '뭐 지금까지 별문제 없이 살았는데'라고 생각하는 분들이 대다수일 것이다. 그것은 여자를 몰라도 너무 몰라서 하는 소리다. 당신의 아내는 그렇게 만만한 상대가 아니다. 그리고 여자는 생각보다 잘 참는다. 아이들 때문에 참고, 더러워서 참고, 기력이 없어서 참는다. '별문제 없없다'는 것은 남편들만의 착각일 수 있다.

    대부분의 남편들이 '나 정도 되는 남자 있으면 나와 보라고 그래!'라고 한다. 아내들이 뭐라고 해도 믿지 않을 테니, 내가 객관적으로 말해주겠다. 나를 포함해 우리 같은 남편은 수두룩 빽빽이다. 더 좋

266

은 남편도 엄청 많다. 남자들은 아내 자랑을 별로 안 하지만 여자들은 남편 자랑을 참 많이 한다. 그런데 이상하게도 남편 흉보면서 자랑한다.

동창 모임에 갔다 온 아내가 성질을 낸다면, 아내와의 관계에 재설정이 필요하다고 이해하면 된다. 은퇴 후에는 제발 '나 같은 남편 없다' 같은 소리는 안 했으면 한다. 잘못 말했다가 지난 세월 가슴에 맺힌 원망을 하루 종일 듣게 될 수도 있다. 듣는 거야 상관없는데, 그 말을 듣다 보면 남자의 자존감이 무너지고 인생 전체가 부정당하는 느낌을 받을 수 있다.

여자들은 진짜 속마음을 드러내지 않는다. 남자와 여자는 다르다. 남자는 말로 뻥을 치지만 여자는 조용히 복수의 칼날을 간다. 옆 나라 일본엔 '나리타 이혼'이란 게 있다. 신혼여행 떠나는 자녀를 배웅한 후, 나리타 공항에서 이혼을 통보한다는 것이다. 이와 비슷한 것으로 남편이 연금 받을 때까지 기다린다는 '연금 이혼'이 있다. 무섭다. 여자가 '좋다, 괜찮다'라고 하는 말을 곧이곧대로 들어서는 안 된다.

지금까지는 아내가 당신의 말 같지도 않은 말을 듣고 잘 견뎌주었으니, 이제는 당신이 아내의 말을 들어줄 차례다.

아내와의 관계가 괜찮은 편이라고 생각한다면, 그게 혹시 가부장적인 관점에서 괜찮은 게 아닌지 숙고해봐야 한다. 요즘 아내들은 페미니즘의 관점에서 생각하고 움직인다. 페미니즘으로 무장한 아내의 입장에서 남편과의 소통은 늘 답답하고 짜증나는 것일 수 있다. 아내에게 당신이란 존재는 '사랑한다면서 늘 괴롭히고 감시하고 의심하는 직장 상사'의 느낌일 수 있다.

　은퇴를 앞두고 아내와의 관계를 리셋하는 것이 필요하다고 생각한다. 지금까지는 아내가 당신의 말 같지도 않은 말을 듣고 잘 견뎌주었으니, 이제는 당신이 아내의 말을 들어줄 차례다. 그래서 나도 인생 좌우명을 바꿨다. '아내 말을 잘 듣자'로. 좌우명만 바꾼 것이 아니라 내 삶이 그렇게 바뀌도록 노력 중이다. 아내가 건강하게 내 곁에 있으니 그 까짓거 얼마든지 할 수 있다. 아내가 떠난 뒤 무덤 찾아가 눈물짓는 3류 영화 찍지 말고 그야말로 있을 때 잘하길 바란다.

　앞에서 몇 번 말했지만, 은퇴한 남편에게 아내가 원하는 것은 '남편이 건강하되 집에 있지 않는 것'이라고 한다. 이 말은 이제 아내 노릇 그만하고 싶다는 게 아닐까? 아내 자리도 은퇴하고 싶다는 말로 읽힌다. 그래서 아내를 은퇴시키는 전략이 필요하다. 아내를 은퇴시켜주는 방법은 간단하다. 혼자 밥 차려 먹으면 된다. 집에만 있던 아내들이 외출하면서 제일 신경 쓰는 것이 가족들 밥 차려주는 일이다. 남편 혼자 밥만 차려 먹어도 아내들은 훨씬 마음 가볍게 외부 활동을 할 수 있다.

　아내가 가장 좋아하는 은퇴 선물, '혼자 밥 차려 먹기'다.

아내와 절친이 된다면,
인생 후반전 절반은 성공

　나는 오랫동안 친구의 개념에 대해 편견을 갖고 있었다. 그저 만나면 반갑고 시간 보내면 즐거운 사이면 되는 거지, 꼭 친한 친구와 안 친한 친구로 나눌 필요도 없고, 우정이니 의리니 따질 필요도 없었는데 말이다.

　나의 편협한 기준으로 판단하건데, 지금 내게 친한 친구는 거의 없다. 너무 친했던 나머지 사업을 같이 하다가 의절한 경우도 있다. 기러기 아빠 시절 술잔을 나누고 소소한 돈 거래를 하던 친구 하나는 친구 쪽에서 형편상 연락을 끊는 바람에 지금도 서먹한 상태다. 친한 친구 또 하나는 사소한 말 한마디 때문에 관계를 끊었는데, 나는 지금도 내가 옳다고 생각히기에 관계 복원을 할 생각이 없다.

물론 아직도 친한 친구들이 있기는 하지만, 진짜 친한 건지 아닌지 확실치 않다. 요즘도 친구들을 만나서 시간을 보내지만 예전 같은 열정도 없고 무엇을 같이 하고 싶은 생각도 없다. 세상이 변하니 친구에 대한 생각도 변해야 할 터이다. 이제 나에게 친한 친구란 자주 만나는 사람이다. 그런데 요즘 가장 자주 만나는 사람이 누구인가 생각해보니 바로 아내다.

오늘도 아내가 차려주는 밥을 먹고, 일을 보고 들어와서는 아내와 스크린 골프를 하러 갔다. 그리고 들어와서 또 아내가 차려준 밥을 먹고 인도어 연습장에 가기로 했다. 내가 미리 말만 하면 90% 이상은 무엇인가를 함께할 수 있는 사람이 아내다. 나를 위해 자기의 일을 조정해주기도 한다. 그러면 아내가 가장 친한 친구일 수도 있지 않을까? 하긴 잘 지낼 수만 있다면 아내가 친구가 되지 말라는 법도 없다.

아내와 잘 지낸다는 게 그리 어려운 일도 아니다. 나는 군대도 다녀왔고, 직장생활도 무사히 했고, 사회생활도 잘했는데, 아내와 잘 못 지낼 것도 없다. 물론 이상하게 관계가 뒤틀린 부부도 있을 것이다. 내가 말하는 것은 그냥 평범하게 대충 잘 지내는 부부, 살면서 이혼 소리 한 번 안 하고 적당히 다투면서 사는 부부를 말한다.

이제 나에게 친한 친구란 자주 만나는 사람이다. 그런데 요즘 가장 자주 만나는 사람이 누구인가 생각해보니 바로 아내다.

나 역시 그렇다. 유별나지도 않고, 소원하지도 않고, 적당히 상대의 눈치를 보고, 적당히 꼴 보기 싫을 때도 있고, 적당히 원망도 하고, 그러다가도 '저 인간 없으면 내가 어찌 살까?' 혹은 '나 만나서 고생한다'라는 생각이 드는 그런 부부라면 일단 든든한 친구 한 명은 확보한 것이다.

혹시 '남편은 하늘' 같은 생각을 갖고 계신 분이 있는가? 만에 하나라도 그런 생각을 갖고 있다면 빨리 바꿔야 한다. 살아서는 당연히 지옥이고, 죽어서도 지옥 갈 수 있다. 그러면 아내라는 친구와 잘 지내려면 어떻게 해야 할까? 스스로 정리해보는 것이 중요하다. 내 생각이 제일 오래가고 효과적이기 때문이다. 다음에 내가 생각해본 방법들을 소개한다. 참고만 하기 바란다.

아내와 친구로 지내는 방법

- 자존심을 버린다.
- 아내가 싫어하는 행동을 자제한다.
- 아내의 의견을 우선한다.
- 내 의사를 밝히되, 화내지 않는다.
- 잔소리를 하지 않는다.
- 아내의 실수를 못 본 척한다.
- 합의가 되지 않은 일은 하지 않는다.
- 놀면서 피드백을 하지 않는다.

- 입 다물고 경청한다.
- 좋아하는 친구처럼 대화한다.

    이 정도만 해도 아내와 보내는 시간이 편안해진다. 아내와 석 달 이상 함께 골프를 배우고 스크린 골프를 하면서 다투지 않았던 것은, 내가 아내에게 아무런 코칭을 하지 않았기 때문일 것이다. 애초에 내가 누구를 가르칠 실력도 되지 않고, 또 가르쳐서도 안 된다고 생각했기 때문이다. 골프연습장에 부부들이 많이 오는데, 유심히 보면 남편들이 꼭 코칭을 한다. 그들이 집에 가서 어떻게 지내는지 알 도리는 없다.

    아내가 골프를 배우는데 자세가 잘못된 것 같아도 내가 코칭을 하지 않는다고 SNS에 올렸더니, 내 글에 호응하는 여성들이 많았다. 나의 불 코칭(不 Coaching) 원칙이 맞다는 확신이 든다. 아내의 스윙 자세를 동영상으로 찍는 짓도 하지 않는 것이 좋다. 일체 피드백을 하지 말자. 나는 코칭이라 생각하지만, 아내에겐 간섭과 잔소리, 지적질이 될 수 있기 때문이다. 상대가 그렇다면 그런 것이다. 아내에게 골프를 가르치겠다는 것은 아내에게 운전 연수를 해주는 것과 똑같이 위험한 행동이다. 골프장에서 입을 닫는 것이 골프연습장을 부부가 함께 다닐 수 있는 평범한 노하우다.

    아내가 골프를 잘 치지 못해도 괜찮다. 나보다 늦게 시작했고, 운동신경이나 여러 가지 면에서 조금 늦을 수 있기 때문이다. 아내가 골프를 잘 치는 것이 뭐 중요한가? 함께 보내는 시간이 즐거우면 그만이다.

하지만 아내가 나보다 골프를 잘 치는 것은 바라지 않는다. 왜냐고? 나는 입을 닫고 참을 수 있지만, 아내는 절대 참지 않을 것이기 때문이다. 골프에서만은 내가 이기고 싶다….

한 줄의 문장으로
기억되고 싶다!

살다 보면 우연한 만남을 경험하게 된다. 우연하게 지인의 추천으로 잠언 시집을 읽게 되었고, 그중 딱 한 줄이 내 마음을 움직였다.

류시화 시인의 '지금 알고 있는 것을 그때도 알았더라면'에 엘렌 코트의 '초보자에게 주는 조언'이란 시가 나온다. 그 시 중 한 줄을 소개한다.

'완벽주의자가 되려 하지 말고 경험주의자가 되어라.'

이 한 줄로 남은 내 인생을 어떻게 살 것인지가 명확해졌다. 시의 힘을 경험하게 된 것이다. 시집을 읽을 때 권말의 해설까지 읽는 사람은 드물 것이다. 어떤 책도 끝까지 읽은 경험이 별로 없는 내가 이상하게도 시집을 뒤적이다가 끝 부분에 있는 해설을 읽게 되었다.

"시는 한 편이 남고, 그 한 편의 시는 결국 한 줄의 문장으로 남는다. (중략) 문학의 역사에 남은 몇몇 위대한 시인들도 후대 독자들에게는 한두 편의 시로, 아니 그 한두 편에서 '인용되는' 한두 문장으로 살아남는다. 시간을 이기고 문장이 살아남기란 이렇게 어렵다. 그러니 함부로 쓸 일이 아니다."

나는 이 해설을 '시는 한 줄로 기억된다'라는 의미로 받아들였다. 내가 '완벽주의자가 되려 하지 말고 경험주의자가 되어라'라는 한 문장에 마음을 빼앗긴 직후라 이 말이 더 절절하게 다가왔다. 적어도 나는 이 시집에서 한 문장을 기억하고 있었다. 그러고 보니 사실 나에게 훅 들어온 시 한 줄이 하나 더 있다.

'종소리를 멀리 내보내기 위해서 종은 더 아파야 한다.'

이문제 시인의 '농담'이란 시의 마지막 구절인데 지금도 힘들 때마다 떠올리곤 한다. 내가 그 문장에서 받은 감동이 시인의 의도와 맞는 것인지는 알 수 없다. 한 문장을 가슴에 새겨준 고마움에 보답하는 길이다 싶어 서둘러 시집을 구입했다. 시집의 제목은 '제국호텔'이었다. (그런데 정말 우연히도 류시화 시인의 잠언 시집 해설에 '시는 한 줄로 기억된다'라고 쓴 사람이 바로 이문제 시인이다.)

에필로그를 끝으로 긴 글을 마무리하면서 내가 원하는 것은 단 하나다. 우연히 이 책이 누군가에게 선택되어 한 줄의 문장으로 기억되는 것이다. 그런 행운이 있다면 감사하고 또 감사할 일이다.